일러두기

- 이 책은 《작은 자본론》(2017)의 개정판입니다.

- 이 책은 2015년에 출간된 *TIME FOR CHANGE, WIE ICH MEINER TOCHTER DIE WIRTSCHAFT ERKLÄRE, HANSER*를 번역한 것입니다.

- 고유명사와 용어 표기는 브리태니커 백과사전에 따랐으며, 그 외의 표기는 국립국어연구원 외래어 표기법에 따랐습니다.

- 각주는 모두 옮긴이의 것입니다.

- 책과 신문은 《 》로, 논문과 기사 및 영화, 방송 프로그램 등은 〈 〉로 구분했습니다.

딸에게 들려주는
경제 이야기

딸에게 들려주는 경제 이야기

초판 1쇄 발행 2024년 6월 5일

지은이 야니스 바루파키스 | 옮긴이 정재윤 | 해제 임승수 | 펴낸이 임경훈 | 편집 김경란
펴낸곳 롤러코스터 | 출판등록 제2019-000296호 | 주소 서울시 마포구 월드컵북로 400 서울경제진흥원 5층 17호
전화 070-7768-6066 | 팩스 02-6499-6067 | 이메일 book@rcoaster.com
ISBN 979-11-91311-43-3 03300

평등한 세상으로 향하는 진실의 발걸음

딸에게 들려주는
경제 이야기

야니스 바루파키스 지음 | 정재윤 옮김 | 임승수 해제

롤러코스터
Rollercoaster
Press

불평등한 세상의
일면을 들여다보다

임승수(《원숭이도 이해하는 자본론》 저자)

언제부터인가 고등학생을 대상으로 경제강의를 하는 일이 많아졌습니다. 학교로부터 요청받는 강의 주제도 예전에는 감히 상상도 할 수 없었던 카를 마르크스의 《자본론》이라든지 자본주의와 사회주의 체제 비교 분석입니다. 그렇다 보니 새삼 사회를 보는 인식의 틀에 적지 않은 변화가 일어나고 있음을 직감하게 됩니다.

일례로 얼마 전 한 고등학교에서 자본주의와 사회주의 체제 비교를 주제로 강의했는데요. 30여 명의 학생이 강의 전에 제가 쓴 책《자본주의 할래? 사회주의 할래?》를 완독하고 토론을 마쳤기 때문에, 당일에는 주로 질의응답 형식으로 진행되었습니다.

경제 분야에 진지한 관심을 가진 학생들이라 그런지 책 내용에 대한 이해도가 매우 높았으며 질문도 고등학생에게 예상되는 수준을 넘어섰습니다.

강당 가운데를 기준으로 우측에는 자본주의를 지지하는 학생, 좌측에는 사회주의를 지지하는 학생이 나눠 앉았는데, 놀랍게도 양측이 거의 동수였습니다. 솔직히 말하자면 사회주의 지지가 살짝 더 많았는데요. 혹시나 진행의 편의를 위해서 양 진영에 학생이 강제로 배정된 건 아닌가 싶어 그 여부를 물어봤습니다. 책을 읽은 후 순수하게 학생의 선호도대로 선택한 결과라고 하더군요. 꽤 놀랐습니다.

사회주의 지지 쪽에 앉은 학생들은 자본주의에서 발생하는 불평등으로 인한 심각한 빈부격차, 맹목적 이윤 추구로 인한 환경파괴, 생명 경시 풍조, 실업자 문제, 노동착취에 대한 우려를 표명하며 사회주의적 경제 정책을 실시해 이러한 문제들에 대응하지 않으면 인류의 미래가 암울할 거라는 의견을 내놓았습니다. 그 목소리가 전혀 장난스럽지 않고 사뭇 진지하기까지 했습니다.

이렇듯 자본주의 시스템에 대한 문제의식이 시나브로 확산되며 진보적 경제 사상에 대한 사회적 관심이 전보다 높아졌지만, 기존에 출간된 청소년 경제 도서는 자본주의에 대한 맹목적 옹

호로 일관하는 내용이 대부분입니다. 사정이 이러하다 보니 다양한 시각을 접하는 가운데 자신만의 균형 잡힌 경제관을 확립하기 원하는 청소년에게 흔쾌히 추천할 만한 진보적 경제서가 많지 않은 게 현실입니다. 그런 의미에서 《딸에게 들려주는 경제 이야기》는 가뭄의 단비 같은 책입니다.

이 책의 저자인 진보적 경제학자 야니스 바루파키스는 1961년에 그리스 아테네에서 태어나 영국 버밍엄 대학교와 에섹스 대학교에서 수학과 경제학을 공부하고 경제학 박사 학위를 받았습니다. 이후 영국과 오스트레일리아에서 경제학을 가르치다가 2000년에 그리스로 돌아와 아테네 대학교에서 강의했습니다. 그의 활동 영역은 학계를 넘어 알렉시스 치프라스 총리 시절인 2015년에 그리스 재무장관으로서 그리스의 부채 위기를 해결하기 위해 노력했으며, 좌파 정치인으로서 아테네의 국회의원으로 활동하기도 했습니다.

학자이면서 대중과 적극적으로 소통하며 현실 정치에 참여하는 활동가이기도 한 저자의 이러한 면모는, 진지하고 깊이 있는 내용을 다루면서도 그 서술방식이 매우 친절하고 사려 깊은 이 책에서 잘 드러납니다. 저자는 책 서두에서 불평등을 경제를 이해하는 주요한 키워드로 제시하며, 4만~5만 년 전부터 오스트레일리아에 살았던 원주민 애버리지니 이야기로 시작합니다. 참고로 애버리지니는 영국 식민 통치가 시작된 1900년대 초에 몰살되다시피 하여 지금은 오스트레일리아 인구의 3퍼센트 정도에 머물고 있습니다.

저자는, 영국인들은 오스트레일리아에 쳐들어갔지만 애버리지니는 왜 영국에 쳐들어가지 못했는지 도발적인 질문을 던집니다. 제국주의적 침략이 횡행하던 시절에는 '영국인이 원주민보다 우월한 유전자 소유자이기 때문'이라는 식의 주장이 힘을 얻었고, 이러한 시각에서 비롯된 인종차별이 지금도 여전히 남아 있는 게 솔직한 현실입니다.

저자는 해답의 실마리를 인종적 우월성이 아닌 환경적 요인으로 인한 농경 기술과 잉여생산물의 등장에서 찾습니다. 수렵과 채집만으로는 자신들에게 필요한 식량을 충분히 확보할 수 없었던 영국인은 불가피하게 농사짓는 법을 터득하게 되었으며, 그 과정에서 잉여생산물이 발생하게 됩니다. 농업에서 잉여생산물이란 당장 생계유지와 종자 용도를 위한 곡물 외에 추가로 생산되어 비축되는 생산물을 의미합니다.

아시다시피 사냥과 낚시, 열매와 과일 채집만으로는 잉여생산물을 만들어내기 어렵습니다. 저장이 가능한 옥수수, 쌀, 보리 같은 곡식과는 달리, 물고기, 토끼, 바나나는 시간이 지나면 먹을 수 없게 되거나 썩기 때문입니다. 풍요로운 환경의 혜택으로 먹을거리가 부족한 적이 없었던 오스트레일리아 원주민은 농경 기술을 발명하고 잉여생산물을 만들어낼 이유가 없었죠. 굳이 그러지 않아도 먹고사는 데 지장이 없었으니까요.

농경 기술이 개발되고 잉여생산물이 발생한 사회에서는 공동의 저장 창고를 만들어서 잉여생산물을 비축하고 농민들이 저마다 보관한 곡식의 양을 기록했습니다. 각자가 개인 창고를 가지는 것보다는 이 방법이 효율적이니까요. 그렇게 각자의 몫을 기록으로 남기기 위해서 문자가 개발되었습니다. 오스트레일리아나 북아메리카 원주민처럼 야생동물과 과일이 넉넉해서 농업 문화를 발전시킬 필요가 없었던 사회에서는 문자가 발명되지 않았습니다.

이러한 차이는 오스트레일리아 원주민과 영국이라는 두 공동체의 발전 경로를 갈라놨습니다. 자연의 혜택을 받은 애버리지니는 다채로운 시와 음악, 신화를 발전시키고 보유했지만 다른 민족을 공격하거나 스스로를 방어할 수단은 갖고 있지 않았습니다. 풍요로운 환경에 살다 보니 그럴 필요를 못 느꼈으니까요.

반면 유럽에서는 농경을 통한 잉여생산물을 관리하는 과정에서 사유재산 및 사회적 계급이 발생하고 그런 계급 지배 시스템을 유지하기 위한 목적으로 문자, 부채, 화폐, 국가, 군대, 관료 등의 장치와 기구들이 등장했습니다. 훗날 영국에서 일어난 산업혁명은 두 사회의 차이를 더욱 극대화했고요. 그렇게 세월은 흐르고 영국인들이 오스트레일리아 해안에 상륙했을 때, 애버리지니에게는 이들에게서 벗어날 희망이 눈곱만큼도 없게 된 것이죠.

불평등은 영국과 오스트레일리아 원주민, 그러니까 민족과 민족 사이에서만 발생하는 것이 아닙니다. 한 사회 안에서도 축적된 잉여생산물이 소수의 손에 집중되면서 엄청난 빈부격차가 생기고 그로 인한 불평등이 나타납니다. 저자는 지구적 차원에서 전방위적으로 확산 및 격화되고 있는 불평등을, 앞서 보았듯 기원에서부터 시작해 현재에 이르기까지 진보적 경제학자의 관점에서 일목요연하게 밝혀냅니다. 그 과정에서 시장, 교환가치, 부채, 이윤, 신용, 공황, 국가 같은 경제 이해에 필수적인 개념뿐만 아니라 암호화폐 같은 최신 이슈까지 친절하고 알기 쉽게 설명합니다.

주지하다시피 불평등이 만연할수록 대중은 고통을 겪고 불만을 느낄 가능성이 커집니다. 그러함에도 불구하고 소수의 기득권 지배층은 어떻게 방해받지 않고 계속해서 더 많은 잉여생산물을 가져가며 권력을 유지할 수 있을까요? 자신들이 사회를 지배하는 게 당연하고 자연스러운 일이라는 정당화 이데올로기를 만들어내 대중들에게 주입함으로써 권력 유지가 가능했다고 저자는 지적합니다. 그 옛적 성직자들이 종교나 신화 등의 장치를 통해 교묘하고 복잡한 방식으로 신분제 사회를 옹호한 것처럼 말이죠. 현대 자본주의 사회에서 이러한 역할을 하는 것은 주류 경제학이라고 저자는 일침을 놓습니다. 경제학자들은 자본주의 사회에 만연한 불평등이 마치 능력에 따른 공정하고 정당한 분배인 것처럼 대중을 호도한다며, 구체적인 사례를 들어 날카롭게 비판합니다.

21세기에 접어든 지금도 여전히 불평등한 사회 시스템이 지속되고 있습니다. 생산 현장에서는 인간이 기계에 종속되고, 시장이 인간에게 봉사하는 게 아니라 인간이 시장의 노예가 되며, 마케팅과 광고에 절어 자신에게 필요하지도 않은 물건 구매에 집착하고, 주기적으로 발생하는 파괴적 경제 공황으로 인해 어마어마한 비효율과 낭비가 발생하며, 인류는 자신이 사는 지구를 파괴하는 멍청한 바이러스처럼 행동합니다. 저자는 이러한 불편한 진실에 대한 경각심을 깨우고 대안을 모색하기 위해 이 책을 썼다고 말합니다.

역사적이고 국제적인 시각을 지닌 경제학자가 풀어놓은 다채로운 이야기들은 자칫 자신이 속한 특수한 공동체나 특정한 시대에 국한된 방식으로만 경제 현상을 이해하기 쉬운 청소년들에게 흥미롭고 신선한 지적 자극을 제공합니다. 그것만으로도 훌륭한 가치를 지닌 책이지만, 갈수록 자본주의의 모순이 격화되어 빈부격차가 심화되고 사회적으로 불안과 갈등이 야기되는 대한민국의 현실에서 불평등에 대한 문제를 진지하게 다루는 이 책의 존재는 우리 사회가 좀 더 평등하고 민주적인 사회로 나아가는 데 소금과 같은 역할을 하리라 생각합니다. 청소년들이 이 책을 통해 갈수록 격화되는 불평등 문제를 진지하게 인식하고 그것을 극복하기 위한 지적 모색을 시작하기를 두 딸의 아빠로서 진심으로 기원합니다.

1장

불평등한
세상

불평등이 강력한 힘을 발휘하는 두 수준이 있어.

하나는 지구적인 수준이야.

이 수준에서는 왜 20세기를 거쳐 21세기에 들어서까지

많은 나라들이 몹시 가난한 반면,

어떤 나라들은 가난한 나라들을 약탈해서 얻은 권력과

부의 장점을 모두 지니고 있는지를 설명할 수 있단다.

다른 수준은 각 사회의 내부에서 찾을 수 있지.

가난한 나라의 부자들이 부자 나라의 많은 부자들보다

더 부자인 경우를 보는 일은 드물지 않아.

애버리지니는 왜 영국으로 쳐들어가지 않았을까?

세상의 아이들은 모두 똑같이 발가벗고 세상에 태어나지. 그런데 개중 몇몇 아이들은 금세 호화스러운 상점에서 파는 비싼 옷을 몸에 둘러. 반면 대다수 아이들은 누더기를 걸치지. 조금 자란 아이들 가운데 몇몇은 친척 어른들이 옷을 선물하면 한결같이 콧방귀를 뀌며 옷 선물은 거들떠보지도 않고 다른 선물을 더 받고 싶어 해. 반면 어떤 아이들은 구멍이 안 뚫린 신발을 신고 학교에 갈 수 있는 날만을 꿈꾼단다.

이것이 우리가 사는 세상에 널리 퍼져 있는 불평등의 한 부분이야. 너도 이런 불평등에 대해 들어본 적이 있을 테지만 직접 본 적은 없을 거야. 일생 동안 우울한 다수로 살 운명을 갖고 태어난 아이들이 너희 학교에는 없기 때문이지. 결핍이나, 심지어 폭력의 흔적이 그대로 남아 있는 아이들이 너희 학교에는 없기 때문이야. 하지만 적어도 이론적으로는 세계 대다수 아이들의 형편이 너나 네 친구들보다 좋지 못하다는 것을 알고 있을 거야. 나도 알고 있어. 최근에 네가 나에게 물었지?

"왜 이렇게 불평등한 일이 많아요?"

그때 내가 한 대답에 대해⋯⋯나부터도 절대 만족하지 못했단다. 내가 다시 한번 답을 할 수 있도록 허락해주었으면 좋겠어. 그리고 이번에는 나도 질문할 것이 있단다.

네가 오스트레일리아의 시드니에 살고 있다고 가정해보자. 너희 학교에는 애버리지니*에 관한 수업 시간도 많고 행사도 많지. 사람들이 그들에게 저지른 부당한 행동에 대해, 영국의 백인 식민 통치자가 200년 동안 발로 짓밟은 그들의 문화에 대해, 그들이 오늘날도 화가 날 만큼 가난하게 사는 것에 대해 이야기하는 수업과 행사들이지.

영국인들이 왜 오스트레일리아에 쳐들어가서 아무런 거리낌 없이 애버리지니의 땅을 빼앗았는지(그렇게 해서 왜 종족을 몰살해버

⋯⋯⋯⋯⋯
*4만~5만 년 전부터 오스트레일리아에 살고 있는 원주민. 영국의 식민 통치가 시작된 1900년대 초에 몰살되다시피 하여 지금은 오스트레일리아 인구의 3퍼센트만이 애버리지니의 후손이다.

렸는지), 그리고 왜 그 반대 현상은 일어나지 않았는지 한 번쯤 생각해본 적이 있니? 왜 애버리지니 전사들은 도버**에 상륙한 다음, 재빨리 런던을 향해 밀고 올라가서 자기들에게 저항하는 영국인을 모두 죽이지 않았을까? 너희 학교의 어떤 선생님도 이런 질문을 해볼 생각은 전혀 하지 않았을 거야.

그러나 이 질문은 매우 중요해. 우리가 이 질문에 제대로 답하지 않으면 결국은 유럽인이 더 영리하고 능력이 있기 때문이라는 답을 아무 생각 없이 받아들일 위험이 있기 때문이지.

정반대의 논리, 다시 말해 오스트레일리아의 애버리지니가 더 나은 사람들이라서 피도 눈물도 없는 식민 통치자가 되지 않았다는 논리를 내세울 수도 있어. 하지만 이 논리가 설득력을 가지려면 다음과 같은 가정이 뒤따라야 해. 애버리지니가 대양을 건널 수 있는 커다란 배를 건조할 줄 알았고, 영국 해변에 도달해서 영국 군대를 공격할 만큼 필요한 무기와 능력을 지니고 있었지만, 그래도 영국인을 노예로 삼지 않고 서식스와 서리, 켄트***를 점령하지 않겠다고 마음먹었다는 가정 말이야.

· · · · · · · · ·
** 영국 동남부 도버해협에 접하는 항구 도시로, 영국 런던에서 프랑스와 벨기에로 가는 주요 항로들이 지난다.
*** 서식스, 서리, 켄트는 영국 남동부에 있는 주들의 이름이다. 서식스와 켄트는 바다에 접해 있다.

이렇게 생각해보면 다음과 같은 질문들이 계속해서 핵심적인 질문으로 떠오르지. 국민과 국민 사이에는 왜 그렇게 많은 불평등이 있는 것일까? 어떤 국민은 다른 국민보다 더 영리할까? 다른 나라를 여행하며 마주쳤을 빈곤을, 네가 사는 도시의 길거리에서는 왜 전혀 마주칠 수 없을까? 혈통이나 인간의 DNA와 관계없는 뭔가 다른 이유가 있는 건 아닐까?

시장은 경제와 같지 않다

네가 자라고 있는 이 사회는 시장과 경제가 같다는 잘못된 생각이 지배하고 있어. 도대체 시장이란 정확히 무엇일까? 교환이 이루어지는 장소지. 슈퍼마켓에서 사람들은 쇼핑카트를 물건으로 채운 다음, 돈과 '교환'하지. 돈을 받은 사람은 나중에 이 돈을 자기가 갖고 싶은 물건들과 교환하고. 이 사람은 슈퍼마켓 주인일 수도 있고, 우리가 계산대에서 지불하는 돈으로 월급을 받고 사는 슈퍼마켓 직원일 수도 있어. 만일 돈이 없다면 우리는 판매자에게 판매자가 필요로 하는 다른 물건을 줘야 할 거야. 그래서 내가 시장을 가리켜 교환이 이루어지는 장소라고 한 거야. 이 장소는 지금은 디지털일 수도 있게 되었어. 예를 들어 네가 나에게 아마존에서 기프트 카드나 책을 사달라고 하듯이 말이야.

사람들이 농업을 발견하기 전, 아직 나무 위에 살 때도 이미 시장이 있었어. 우리 조상 가운데 한 사람이 다른 사람에게 바나나 한 개를 주고 그 대신 사과 한 개를 원했다면, 이것이 교환의 한 형태였던 불완전한 시장이었지. 이 경우에는 바나나 한 개가 사과 한 개의 가격이었고, 반대로 사과 한 개가 바나나 한 개의 가격이었어. 하지만 이것은 진정한 경제가 아니야. 진정한 경제가 완성되려면 뭔가 그 이상의 것이 필요해. 그것은 바로 인간이 단순히 짐승을 사냥하고, 물고기를 잡고, 바나나를 따는 데 그치지 않고 생산을 시작한 것이었지.

전진을 위한 두 가지 큰 도약

약 8만2000년 전, 인간은 전진을 위한 첫 번째 도약을 했어. 단순히 소리를 지르기 위해서가 아니라 말을 하기 위해 성대를 사용하는 데 성공한 거야. 7만 년 뒤(그러니까 지금부터 대략 1만2000년 전), 인간은 두 번째 큰 도약을 했지. 토지를 경작하는 데 성공한 거야. 그저 소리를 지르거나 자연이 우리에게 제공하는 것(야생동물, 열매, 과일)을 먹는 대신, 말과 식량을 생산할 수 있는 능력이 우리가 '경제'라고 부르는 것을 만들어냈어.

인간이 땅을 경작할 수 있는 능력을 '발견'한 지 1만2000년이 지난 오늘날에도 그 순간을 진정으로 역사적이라고 부를 만한 충분한 근거가 있어. 이때 인간은 자연의 너그러움에 기대지 않고, 처음으로 노력을 해서 자연이 인간을 위해 물건을 생산하도록 만드는 법을 배우게 된 거야. 그렇다면 이때가 기쁨과 감격의 순간이었을까? 절대 그렇지 않아! 인간이 땅을 가는 방법을 배운 유일한 이유는 배고픔 때문이었어. 영리한 사냥 기술을 발휘해 대부분의 야생동물을 죽이고 나서, 나무 열매로도 감당할 수 없을 만큼 인구가 엄청나게 많아지고 난 뒤, 인간은 지독한 배고픔 때문에 어쩔 수 없이 농사짓는 법을 배워야 했던 거야.

기술혁명이 대부분 그렇듯 이번에도 이 방향을 향해 가야겠다고 인간이 의식적으로 결정한 것은 아니었어. 재배 기술, 그러니까 농업은 그냥 주어진 것이었지. 이와 더불어, 인간 누구도 의도하지 않았지만 인류 사회는 크게 변화했어. 농업 생산은 진정한 경제에 필요한 결정적인 요소를 처음으로 만들어냈지. 바로 잉여생산물이야. 잉여생산물이란 그해에 생산되었거나 그 전해에 비축해둔 토지 생산물을 말해. 먹고살거나 씨앗으로 보관하는 데 충분할 뿐만 아니라, 나중을 위해 저장해두어야겠다고 생각할 만큼 남는 생산물이지. 예를 들어 우박 때문에 다음 수확을 망쳐 흉

년이 들 것을 대비해서, 또는 다음 해에 새로운 땅에 뿌려서 잉여생산물을 더 늘리기 위한 씨앗으로 사용하려고 저장하는 곡식을 말해.

여기서는 두 가지 사실에 유의해야 해. 첫째, 사냥과 낚시, 열매와 과일 채집만으로는 잉여생산물을 거의 만들어낼 수 없다는 사실이야. 왜냐하면 저장이 가능한 옥수수, 쌀, 보리 같은 곡식과는 달리, 물고기, 토끼, 바나나는 시간이 좀 지나면 먹을 수 없게 되거나 썩어버리기 때문이지. 둘째, 농업 잉여생산물의 생산은 사회의 기적, 즉 글자, 부채, 화폐, 국가, 군대, 관료, 기술을 낳았을 뿐 아니라, 심지어 초기 형태의 생화학 전쟁까지 낳았다는 사실이야. 차례대로 살펴보기로 하자.

수확량을 기록하기 위한 글자

고고학자 덕택에 우리는 글자의 초기 형태가 메소포타미아에서 나타났다는 것을 알고 있어. 글자로는 무엇을 기록했을까? 농민들이 저마다 공동 창고에 보관한 곡식의 양을 기록했어. 이것은 분명해. 농민이 곡식을 저장하기 위해서 저마다 자신만의 창고를 별도로 지어야 했다면 일이 아주 복잡했을 거야. 수확한 곡식을 쌓아놓을 공동 창고를 짓고 이것을 한 사람이 관리하는 편이 훨씬 더 간단했겠지. 이런 형태의 조직이 돌아가려면, 예를 들어 나부크 씨가 창고에 100킬로그램의 곡식을 '입고'했다는 증명서가 필요했어. 이렇게 해서 공동 창고에 쌓여 있는 곡식 가운데 얼마나 많은 양이 자기 몫인지 증명할 수 있는 첫 번째 문서가 만들어졌단다. 반면 오스트레일리아의 애버리지니와 북아메리카의 원주민처럼 야생동물과 과일이 넉넉해서 농업 문화를 발전시킬 필요가 없었던 사회에서는 그림과 음악을 즐기는 것으로 만족했어. 이들이 글자를 발명하지 않은 것은 결코 우연이 아니야.

부채와 화폐의 탄생

우리의 친구 나부크 씨의 소유였던 밀 같은 곡식의 수확량을 글로 적어놓은 것이 부채와 화폐의 탄생을 알리는 시작이었어. 우리는 숫자가 적힌 조개껍데기로 많은 노동자에게 품삯을 치렀다는 사실도 고고학적 발견을 통해 알고 있지. 조개껍데기에 적힌 숫자는 들판에서 한 노동의 대가로, 지배자가 노동자 각자에게 주어야 할 곡식의 양을 나타내. 지배자는 숫자로 적혀 있는 양의 곡식을 되도록 천천히 주려 했지. 그래서 이 조개껍데기는 지배자가 노동자에게 진 부채(빚)와 같은 존재가 되었어. 동시에 이 조개껍데기는 일종의 돈이기도 했단다. 노동자들이 다른 사람들로부터 상품을 살 때 이 조개껍데기를 사용할 수도 있었기 때문이야.

가장 재미있는 발견은 금속 화폐와 관련이 있어. 거래를 할 때 손에서 손으로 주고받을 수 있도록 동전이 만들어졌다고 많은 사람들이 믿고 있지. 그런데 절대 그렇지 않아. 적어도 메소포타미아에서는 동전이 본격적으로 만들어지기 훨씬 전부터 잉여생산물의 분배를 표시하기 위해 동전을 사용했어. 특정 시점에 공동 창고 안에 쌓아둔 곡식이 누구의 것인지 가상 동전을 기준으로 삼아 표시를 했다는 기록이 있어. 가상이라고? 맞아, 사실이 그러했어. 회계장부에는 대략 이렇게 적혀 있었지. "나부크 씨는 동전 세 개의 가치를 지닌 곡식을 받았다."

우스운 것은 이 동전이 실제로 존재하지도 않았거나(실제 동전은 몇백 년 뒤에나 주조되었으니까), 유통되기에는 너무나 무거웠기 때문에 존재하더라도 아주 적은 수만이 존재했다는 거야. 이렇게 가상의 동전 단위를 바탕으로 잉여생산물의 거래가 이루어졌어. 그런데 이런 방식이 가능하려면 신용 또는 라틴어로 '크레데레 credere'라고 불리는 것이 전제가 되어야 했지. '신용'이란, 이 가상의 동전 단위가 교환가치를 지니고 있으며, 그래서 일을 한 다음 그 대가로 이 가상의 단위를 받아도 괜찮다는 믿음이었어.

그러나 이런 신용이 생겨나려면, 우리가 국가라고 부르는 것과 비슷한 집단적인 기구가 있어야 했어. 이 기구는 지배자보다 오래 살아남고, 사람들에게 자신이 받아야 할 잉여생산물의 일부를 제때에 넘기겠다는 보장을 해주어야 했단다.

잉여생산물, 국가, 군대

그러니까 부채, 돈, 신용 그리고 국가는 함께 움직이는 거야. 부채가 없었다면 잉여생산물을 관리하기 쉽지 않았을 거야. 부채의 등장과 함께 화폐도 나타났어. 하지만 화폐가 가치를 지니기 위해서는 사람들에게 신뢰를 주기 위한 집단적인 기구, 그러니까 국가가 필요했지.

물론 잉여생산물이 없다면 국가가 생기지도 못했을 거야. 공적인 사무를 처리하기 위해서는 관리자가 필요했기 때문이지. 이를테면 한 사람이 다른 사람에게 얼마의 빚을 얼마나 졌는지에 대해 일치를 보지 못해서 분쟁이 일어나면 이를 중재할 재판관과, 재산권을 보호할 경찰관은 물론, 높은 생활수준을 요구하는 군주가 있어야 했어.

그런데 이 사람들 모두 일을 하지 않고도 먹고살 수 있을 만큼 넉넉한 잉여생산물이 없다면, 이 가운데 어떤 것도 유지될 수 없지. 동시에 잉여생산물이 없다면 조직된 군대 또한 만들 수 없고, 군대가 없다면 지배자들의 권력은 물론, 국가 자체가 유지되지 않겠지. 군대가 없는 사회는 잉여생산물을 외부의 공격으로부터 지켜낼 방법이 없기 때문이야.

국가 권력을 지원하는 성직자

역사적으로 농경사회에서 출발한 국가는 모두 화가 날 정도로 불공정한 방식, 그러니까 사회적, 정치적, 군사적으로 힘이 센 자들에게만 유리한 방식으로 잉여생산물을 분배했어. 그러나 지배자들이 아무리 힘이 세다 하더라도, 지배를 받는 절대다수의 농민들보다 더 힘이 세지는 않았어. 서로 동맹을 맺기만 하면, 농민들은 고작 몇 시간 안에 자신을 착취하는 체제를 무너뜨릴 수 있었지.

그렇다면 지배자들은 어떻게 방해받지 않고 계속해서 자신들에게 이로운 방식으로 더 많은 잉여생산물을 가져갈 수 있었을까? 어떻게 자기들의 권력을 유지할 수 있었을까? 해답은 이래.

지배자의 지배가 정당하다는 것을 다수에게 납득시키는 정당화 이데올로기를 만들어내는 거야. 지배자가 지배하는 것은 필연적이며, 지배자는 고결한 피를 지녔고, 지배자가 지배할 권리는 더 높은 권력으로부터 나오며, 이 모든 것은 신의 섭리라는 이데올로기를 만들어내는 것이지.

이러한 정당화 이데올로기가 없었다면 국가나 지배자는 권위를 지킬 수 없었을 거야. 또, 누군가 지배자를 도와야 했어. 땅에서 하늘의 권력을 대리하는 대변자로서 지배자 옆에 서서 지배자의 권위에 축복을 내려야 했지. 농경이 발견되기 이전의 부족 사회와 달리 이 일은 물론 한 개인이 할 수는 없었어. 잉여생산물은 사회적·관료적 조직을 불러들였어. 지배자가 죽은 다음에도 국가가 계속 국가로서 존속해야 했기 때문에, 누군가 계속해서 이데올로기적으로 국가권력을 지원해야 했어. 이들이 바로 성직자들이야.

성직자는 인간의 편견과 죽음에 대한 공포를 조성하는 의식을 개발하고 확정했지. 그럼으로써 처음에는 성직자를 정당화하고 그다음에는 지배자들의 권력을 정당화했어. 하지만 잉여생산물이 없었다면 이렇게 복잡한 성직자 제도가 생겨날 이유도 없었을 테고, 아무것도 생산하지 않는 성직자들은 존재할 수도 없었을 거야.

잉여생산물과 발전하는 기술

인간의 이성은 농업 문화의 발명 훨씬 이전에 금속과 불을 도입함으로써 기술혁명을 이루었어. 잉여생산물은 기술 발전에 놀라운 추진력을 제공했지. 어렵지 않은 이야기야. 잉여생산물이 있었기 때문에 뛰어난 '발명가'는 먹고살기 위해 야생 동물을 사냥하지 않아도 괜찮았어. 발명품, 예컨대 들일에 쓸 만한 연장, 군대를 위한 무기, 지배자를 위한 보석의 수요가 얼마나 크냐에 따라 발명의 대가로 잉여생산물의 일부를 받았기 때문이야. 그 밖에도 농경 자체를 통해 과거에는 없던, 예를 들어 농기구인 쟁기나 물을 경작지까지 끌어들이는 용수로 시스템에 대한 기술적 수요도 생겨났단다.

전염병과 생화학 전쟁

잉여생산물은 치명적인 박테리아를 만들어냈어. 몇 톤이나 되는 곡식이 공동 창고에 쌓이고 공동 창고 주위를 에워싼 마을과 도시에는 많은 사람들이 모여들었어. 그리고 여기에 (무엇보다도 우유 때문에) 필요한 가축들이 더해지자 이 고도로 집중화된 생물 집단이 모인 곳은 거대한 실험실이 되었지. 이 속에서 박테리아는 모두 아주 빠른 속도로 생겨나고 증식했으며 돌연변이로 나타났단다. 이 박테리아는 매우 위험했으며 적어도 당시 노출된 땅 위에 방치되어 있던 사람들에겐 더욱 그러했지.

결국 새롭고 잔인하고 재난에 가까운 질병들이 등장해서 수많은 희생자가 발생했어. 하지만 이 농경사회는 콜레라와 티푸스 박테리아, 심지어 독감 바이러스에까지 점점 면역이 되어갔어. 주민들은 아무런 고통도 받지 않고 다수의 치명적인 미생물을 몸속에 지니고 다녔단다. 나중에 이들이 농경 발전이 없는 지역에 들어가 그 지역에 사는 종족을 점령할 때, 단 한 번도 칼을 뽑을 필요가 없었어. 수많은 사람의 목숨을 빼앗는 데는 악수 한 번으로도 충분했지.

실제로 오스트레일리아뿐 아니라 아메리카에서도 대포나 총, 칼에 죽은 원주민보다 유럽인의 침략과 함께 들어온 박테리아와의 접촉 때문에 죽은 원주민이 훨씬 더 많았어. 몇몇 경우에 유럽의 침략은 매우 의식적으로 이러한 생화학 전쟁을 수행했지. 유럽 이민자의 대표가 아메리카 인디언의 한 부족에게 담요를 선물해서 이 부족이 모두 죽었다는 이야기도 있어. 유럽 이민자들은 그 담요가 티푸스 박테리아에 오염되어 있다는 사실을 이미 알고 있었지.

다시 처음의 질문

이야기를 시작했던 어려운 질문으로 돌아갈 때가 되었구나. 영국인들은 왜 오스트레일리아에 쳐들어갔고, 애버리지니는 왜 영국에 쳐들어가지 않았을까? 일반적으로 왜 제국주의 강대국들은 모두 유럽, 그리고 나중에는 미국에서(미국도 유럽에서 건너간 사람들이 세운 나라야) 생겨났을까? 흑인들이 사는 아프리카나 오스트레일리아에서는 왜 강대국이 하나도 생겨나지 않았을까? 유전자 문제일까? 당연히 아니야! 이에 대한 답은 조금 앞에서 이야기한 곳에서 찾을 수 있어.

맨 처음 잉여생산물이 있었지. 잉여생산물이 없었다면 군대, 전제 국가, 글자, 기술, 화약, 대형 선박 등이 발전할 이유도 없었을 거야.

농경은 오스트레일리아의 애버리지니와 같이 비농경사회의 주민을 몰살할 수 있는 생화학 무기까지 만들어냈지.

먹을거리가 부족한 적이 없던 오스트레일리아는 (300만~400만 명의 사람들이 자연과 멋진 조화를 이루며 살았고 유럽 크기의 대륙에서 무제한으로 식물과 동물을 얻을 수 있었기 때문에) 농경 기술을 발명하고 잉여생산물을 만들어낼 이유가 조금도 없었단다.

오늘날 우리는(적어도 너는 매우 정확히) 애버리지니가 엄청난 문화적 가치를 지닌 시와 음악, 신화를 보유하고 있음을 알고 있어. 그러나 다른 민족을 공격하거나 스스로를 방어할 수단은 갖고 있지 않았단다. 이에 반해 영국인들은 유라시아의 발전 과정에서 내가 앞으로 이야기할 상황 때문에 잉여생산물을 생산해냈고 거기에서 파생되는 모든 것들, 대형 선박에서부터 생화학 무기 등을 만들어낼 수밖에 없었어. 그래서 영국인들이 오스트레일리아 해안에 상륙했을 때, 애버리지니에게는 이들에게서 벗어날 희망이 눈곱만큼도 없었단다.

그럼 아프리카는?

"그럼 아프리카는?" 너는 당연히 내게 이렇게 물을 거야. "유럽을 위협할 만한 아프리카 강대국은 왜 하나도 없었어요? 왜 노예 매매는 일방통행이었어요? 흑인은 결국 유럽인보다 능력이 뒤떨어졌던 거 아닌가요?"

응, 절대 그렇지 않아. 지도를 펼쳐서 아프리카와 유럽의 생김새를 비교해보렴. 맨 처음 눈에 띄는 것은 아프리카가 위에서 아래로 길게 늘어져 있다는 거야. 지중해에서 시작해 적도를 지나 남반구의 온화한 기후에 속한 멀리까지 뻗어 있지. 그러니까, 아프리카 나라들은 다양한 기후 지역에 걸쳐 있단다. 사하라사막에서 아열대기후의 남부 사하라, 그리고 계속해서 열대기후 지역에서 출발해 온화한 남아프리카에 이르기까지 뻗어 있지. 이제 유라시아를 보자. 북에서 남으로 뻗어 있는 아프리카와는 달리 유럽은 대서양에서 시작해 태평양에 접해 있는 중국과 베트남 해안까지 동쪽으로 뻗어 있어. 즉, 유라시아는 (이렇게 표현해도 된다면) 키는 작고 허리는 굵어.

이게 무슨 뜻일까? 사람들이 유라시아를 태평양에서 대서양까지 횡단하는 동안 비교적 적은 기후 변화만을 경험한다는 뜻이야. 반면 아프리카에서는 이집트에서 요하네스버그까지 가는 동안 다양한 기후대의 지역을 만나게 되지. 이것이 왜 의미가 있을까? 이유는 단순해. (오늘날의 짐바브웨처럼) 농업을 발전시킨 아프리카 사회는 유럽까지 뻗어갈 수가 없었어. 그들의 문화가 북쪽으로는 적도 방향으로, 더 나쁘게는 사하라에 뿌리를 내릴 수 없었기 때문이야.

이에 반해 유럽 민족들은 농업을 발견한 뒤로 아무 제한 없이 서쪽이나 동쪽으로 뻗어나가 멋대로 다른 지역에 들어갔고 잉여 생산물도 가지고 갈 수 있었어. 그렇게 해서 약소민족의 문화를 빼앗고 그들의 기술을 모방하고 부를 형성했지. 아프리카에서는 지리적인 상황 때문에 이에 견줄 만한 발전은 생각할 수도 없었어.

아프리카와 오스트레일리아, 아메리카가 유럽인에게 정복당한 이유는 전 지구적인 재화 분배와 관련하여 다른 설명 없이 위에서 말한 것만으로도 충분히 설명할 수 있어. 객관적이고 지리적인 조건이 오스트레일리아의 애버리지니, 아메리카 원주민, 다수 아프리카인을 오늘날의 상황으로 이끌었지. 너도 알고 있듯이 이것은 백인, 흑인, 황인의 DNA와는 아무 관계가 없어. 이에 대한 열쇠는 바로 잉여생산물의 축적과, 단순하거나 복잡하게 전개되는 농경문화의 지리적 확산이야. 잉여생산물이 축적될수록 국가의 힘 또한 점점 확장되었던 거야(앞에서 우리는 이것을 제국주의라고 불렀지!).

불평등이 생겨나는 또 다른 수준으로, 이른바 발전된 사회의 내적 영역이 있어. 국가와 성직자의 형성에 대해 이야기하며 설명했듯이, 잉여생산물이 축적되면 몇몇 소수의 손에 권력과 부가 고도로 집중된단다. 그렇게 한쪽으로 쏠린 정치권력 때문에 불평등은 더욱 심해지고 그것은 더 강력한 불평등을 불러오지. 축적된 잉여생산물을 가질 수 있다면, 미래의 잉여생산물에서 더 많은 몫을 차지하는 데 사용할 수 있는 경제적·정치적·(그리고 또한 문화적) 권력을 가질 수도 있어. 간단히 말해 이미 수백만 유로를 가진 사람은 100만 유로를 벌기가 훨씬 쉽단다. 그러나 아무 것도 못 가진 사람에게는 1000유로마저도 이룰 수 없는 꿈일 뿐이지.

불평등이 강력한 힘을 발휘하는 두 수준이 있어. 하나는 지구적인 수준이야. 이 수준에서는 왜 20세기를 거쳐 21세기에 들어서까지 많은 나라들이 몹시 가난한 반면, 어떤 나라들은 가난한 나라들을 약탈해서 얻은 권력과 부의 장점을 모두 지니고 있는지를 설명할 수 있단다. 다른 수준은 각 사회의 내부에서 찾을 수 있지. 가난한 나라의 (극소수) 부자들이 부자 나라의 많은 부자들보다 더 부자인 경우를 보는 일은 드물지 않아.

여기서 나는 잉여생산물의 생산과 관련해서, 불평등의 뿌리가 인간의 초기 기술혁명, 즉 농경의 발전에 있다고 이야기했어. 다음에는 훗날 일어난 산업혁명 때문에 불평등이 더 심해졌다는 점을 분명히 밝힐 거야. 산업혁명은 특별한 방식으로 네가 주변에서 보고 들을 수 있는 사회를 만들어내는 데 이바지했어. 하지만 미리 조언 한마디 해두자. 네가 오늘날 한 아이로서 받아들일 수 없다고 생각하는 불평등을 정당화하는 잘못은 절대 저지르지 않으면 좋겠어.

저절로 강해지는 이데올로기, 불평등

가진 자이건 못 가진 자이건 모든 사람의 눈앞에서 잉여생산물의 불평등한 분배를 정당화하는 신앙 체계를 세우는 것이 성직자의 역할이라고 이야기했지? 성직자들은 이 일을 매우 성공적으로 해냈어. 얼마나 성공적으로 해냈는지 잉여생산물의 창조와 불평등한 분배가 요구하는 신념의 그물망, 일종의 신화가 생겨났단다.

잘 생각해보면, 자기가 가진 것을 자기 마음대로 한다는 가진 자의 입장만큼이나 더 쉽게 퍼지는 것은 없어. 우리는 어렸을 때부터 (모든 아이들처럼) 장난감, 옷, 거실이 당연히 우리에게 속한다는 신념을 체계적으로 발전시켜왔어. 우리 뇌는 자동적으로, "내가 X를 갖고 있다."와 "나는 X를 마음대로 할 수 있다."를 같은 뜻이라고 여기지. 지배자와 가진 자(이 경우 보통은 같은 사람이지)의 이데올로기적 신념은 자연스럽게 그 토대 위에 서 있어. 그들이 많이 가졌고 다른 이들은 너무 적게 가졌다는 것은 옳은 말일 수도 있고, 적절하며 필요한 말일 수도 있지만, 그런 것은 상관없어.

그들을 비난하라는 게 아니야. 단지 기존의 분배 방식이 우리에게 유리하면 그것이 논리적이고 자연스러우며 정당할 것이라고 너무 쉽게 확신한다는 게 매우 놀랍다는 거야. 너도 그런 생각이 들곤 한다면, 우리가 처음에 했던 말을 기억하도록 하렴. 모든 아이들이 똑같이 발가벗고 세상에 태어나더라도, 어떤 아이들은 비싼 옷을 입게 되어 있으며, 어떤 아이들은 굶주림과 가난에 고통 받고, 또 어떤 아이들은 다른 사람으로부터 착취당한다는 사실을. 소위 논리적이고 자연스럽고 정당해 보이는 이러한 현실을 네가 진심으로 거부하기를 바랄게.

~~~~~~~~~~~~~~~

2장

시장사회가
시작되다

~~~~~~~~~~~~~~~

오스카 와일드는, 냉소적인 사람이란
가격은 모두 알면서도
가치는 하나도 모르는 사람이라고 정의했어.
우리 사회는 우리 모두를 냉소적으로 만드는 경향이 있어.
모든 것을 시장 기준으로 측정하기 때문에
교환가치가 유일한 가치라고 생각하며,
그럼으로써 실제가치를 중요하지 않은 것이라고
깎아내리는 경제학자보다 더 냉소적인 사람은 없지.
도대체 어떻게 해서 교환가치가
실제가치를 이기게 되었을까?

실제가치와 교환가치

에이나*에 저녁이 찾아오고 지금은 여름이야. 너는 우리 집 베란다에 앉아서 바다로 가라앉는 붉은 해를 바라보고 있어. 내가 이럴 때 뭔가 말도 안 되는 이야기를 늘어놓으면 분위기를 망친다고 하면서 너는 내게 화를 낼 거야.

　같은 날 저녁, 친구들과 함께 우리는 마라톤으로 식사를 하러 가. 네 친구 파리스는 등장부터 요란하구나. 걔가 농담을 하면 우리는 모두 배꼽이 빠져라 웃지. 너도 웃고. 너는 정말 웃기기 힘든 아이인데 말이야.

. . . .
* 그리스 중남부에 있는 섬의 이름이자 그 섬의 서해안에 있는 도시 이름.

보트를 숙소 옆에 묶어둔 코스타스 선장이 너에게 부탁을 하지. 닻이 바닥에 콱 박혔는데 여러 차례 잡아당겼더니 사슬까지 끊어졌거든. 선장이 말해. "네가 잠수를 잘한다고 들었어. 물속에 들어가서 이 밧줄을 사슬에 꿰어줄래? 내가 직접 했으면 좋겠지만, 오늘 따라 내 관절염이 말썽이구나." 너는 "지금 바로 들어갈게요."라고 말하고는 그 순간의 영웅이 될 기회를 놓치지 않고 자랑스럽게 바다로 뛰어들겠지.

저녁노을, 파리스의 농담, 코스타스 선장의 부탁으로 네가 바다에 뛰어드는 것을 보고 기뻐하는 파리스, 너를 기분 좋게 만드는 것은 이 세 가지야. 그렇다고 이 세 가지가 상품은 아니지.

기분 좋게 만드는 것과 상품의 차이는 어디에 있을까? (너의 아이폰처럼) 상품은 물건이지만, 물건이 꼭 상품은 아니야. 상품은 판매를 위해 생산된 물건이지. 그러나 에이나의 저녁노을, 파리스의 농담, 코스타스 선장을 위한 너의 잠수 등은 판매를 위한 것이 아니야.

네 눈에도 띄었을지 모르겠구나. 우리가 사는 사회에서는 물건과 상품을 혼동하고, 물건의 가격이 높을수록 누군가 그 물건을 팔려는 마음도 더욱더 크다고 생각하는 경향이 있어. 그러나 이것은 틀린 말이야. 상품에 대해서는 이렇게 말할 수도 있어. 우리가 아이폰 하나에 치르려고 하는 가격이 높으면 높을수록 애플은 더 많은 아이폰을 생산하려 한다고. 하지만 파리스의 농담에 대해서는 이것이 꼭 들어맞는 말은 아니지.

농담을 할 때마다 우리가 돈을 주겠다고 하면 파리스는 아마도 언짢게 생각할 거야. 파리스가 동의했다 하더라도 막상 돈을 받고 나면 파리스의 기분은 나빠질 거라고 쉽게 짐작할 수 있지. 코스타스 선장을 예로 들어 보자. 만일 네가 물속으로 뛰어들면 돈을 주겠다고 코스타스 선장이 말했다면 너는 아마 그 일이 별로 즐겁지 않았을 거야. 부탁을 받았기 때문에 '그냥' 뛰어들었을 뿐이라는 느낌에서 우러나오는 가치의 일부가 사라져버리기 때문이지.

파리스가 성인이 되어 프로 개그맨이 되고, 너는 직업 잠수부가 되었다고 해보자. 그러면 농담과 잠수라는 것이 일정한 금액에 판매하는 상품이 되어 시장 가격을 받게 되겠지. 한 상품의 가격은 판매를 위해 제공하는 물건의 교환가치를 나타내. 다른 말로 하면 사람들이 구매자에게 농담이나 잠수를 제공할 때 받을 수 있는 물건의 가치야.

하지만 잠수, 저녁노을, 농담의 실제가치는 교환가치와는 전혀 달라. 이 세 가지의 실제가치가 굉장히 높다고 해도, 교환가치는 전혀 없을 수 있어. 예를 들어 저녁노을은 절대 팔 수 없는 거야. 반면 (특히 무대 위에서) 농담을 하는 일이 하나도 재미없는 일이라고 해도, 그 일로 돈은 벌 수 있겠지.

그러므로 두 가지 가치, 즉 실제가치와 교환가치는 차이가 엄청나단다. 그런데 오늘날의 사회에서 사람들은 너무나 자주 모든 가치가 교환가치인 것처럼 행동하지. 가격이 없는 것, 이윤을 남기고 팔 수 없는 것은 가치가 없는 것으로 간주돼. 가치가 없는 것은 가격도 없고 이윤을 남기고 팔 수도 없다고 생각하지. 우리는 부당하게도 다음과 같은 말이 당연하다고 생각하는 사회에 살고 있어. 어떤 물건의 가격이 오르면, 다시 말해 그 물건의 교환가치가 증가하면, 그 물건을 소유하고 있는 (또는 생산할 수 있는) 사람들이 제공하는 물건의 수 또한 불가피하게 증가한다고. 이미 말했듯 그 물건이 아이폰이라면 이 말이 맞아. 하지만 모든 물건이 다 그렇지는 않아.

돈을 줘도 혈액 기증자가 적은 이유

생명이 위험한 사람들을 돕고자 하는 기증자로부터 무료로 피를 제공받는 나라가 세상에는 아주 많아. 어떤 나라에서는 혈액 기증자가 피를 제공하는 대가로 돈을 받기도 하지. 그런데 어떤 나라가 혈액 기증자가 더 많을까? 자신의 소중한 피를 제공하는 대가로 돈을 받는 나라일까, 아니면 무료로 기증하는 나라일까?

질문만 듣고도 답을 짐작할 수 있을 거야. 실제로 혈액 기증자가 자발적이고 무료로 혈액 기증을 하는 나라보다 기증자가 돈을 받는 나라에서 기증된 혈액 양이 훨씬 더 적어. 남을 돕기 위해 자신의 피를 제공하고 이러한 마음의 대가로 돈을 받지 않으려는 기증자가, 돈을 받고자 하는 사람들보다 명백히 더 많은 거지.

실제가치와 교환가치의 개념을 혼동하는 사람들은 혈액 기증자에게 돈을 주었을 때 오히려 혈액 기증이 줄어드는 이유를 이해할 수 없을 거야. 이런 사람들은 피를 제공하면 돈을 준다는데도 왜 혈액 기증을 꺼리는 사람들이 생길까 궁금해하지. 교환가치가 과대평가될 때 실제가치는 자주 과소평가된다는 현실을 이해하지 못하기 때문에 그렇단다.

설명은 아주 간단해. 코스타스 선장이 너에게 부탁했던 잠수를 생각해보자. 너는 늦은 저녁, 코스타스 선장을 위해 바다로 뛰어들었어. 그리고 닻 문제를 해결하는 데 도움을 줬지. 이 일에 그가 만족했다는 것은 다음과 같은 결과를 가져왔어. 도움을 줬다는 기쁨과 착하고 용기 있는 소녀가 되었다는 느낌이, 어두운 바다에 대한 두려움과 다시 옷을 벗고 짜디짠 바닷물 속에 몸을 담가야 한다는 귀찮음보다 더 컸지. "네가 물속으로 뛰어들면 5유로를 줄게."라고 코스타스 선장이 말했다면, 아마 너는 그 일을 하지 않았을 거야. 네가 한 일의 가치를 선장이 겨우 5유로로 평가했다는 생각이 무의식 속에서 너를 괴롭혔을 거야. 5유로는 그 귀찮은 일에 대한 보상으로는 너무 적지. 하지만 아무런 대가도 바라지 않고 선장을 위해 흔쾌히 바다에 뛰어들었다는 생각이 주는 기쁨을 너에게서 빼앗기에는 충분하고도 남는 돈이었을 거야.

헌혈도 이와 마찬가지야. 많은 혈액 기증자가 자기 피를 무료로 준다는 생각에 즐거워하지. 만약 피를 준 대가로 돈이 주어진다면, 그래서 돕는 행위가 교환 사업으로 바뀐다면 이들의 즐거움은 사라지고 말 거야. 돈을 받고 자기 피를 제공했다는 생각이 들기 때문이지. 이 돈은 이들이 들인 시간과, 팔에 고통스럽게 꽂힌 바늘에 대한 보상으로는 결코 충분치 않아.

조금 분석적으로 표현해보자. 코스타스 선장을 위한 잠수와 헌혈 두 경우에서, 제공한 행위(물건)의 교환가치가 0이 아닌 +수치가 되는 순간 실제가치는 아래로 뚝 떨어져버려. 결과적으로, 즐겁게 무료로 제공했을 행위를 이제는 보상을 받고도 아무도 제공하려 들지 않게 되지.

오스카 와일드*는, 냉소적인 사람이란 가격은 모두 알면서도

....

* 오스카 와일드(1854년~1900년)는 아일랜드의 소설가이자 극작가이다. 대표작으로 동화집 《행복한 왕자》와 장편 소설 《도리언 그레이의 초상》이 있다.

가치는 하나도 모르는 사람이라고 정의했어. 우리 사회는 우리 모두를 냉소적으로 만드는 경향이 있어. 모든 것을 시장 기준으로 측정하기 때문에 교환가치가 유일한 가치라고 생각하며, 그럼으로써 실제가치를 중요하지 않은 것이라고 깎아내리는 경제학자보다 더 냉소적인 사람은 없지. 도대체 어떻게 해서 교환가치가 실제가치를 이기게 되었을까?

교환가치의 승리

다음과 같은 광경을 상상해보자. 부활절이야. 우리는 하루 종일 먹고 마시며 흥겹게 놀았어. 어른들은 이틀 동안이나 음식과 집, 식탁을 준비하느라고 바빴지. 저녁에 청소를 좀 도와달라고 내가 너에게 부탁했어. 너는 그럴 마음이 전혀 없어서 나에게 묻지. "아빠, 이 고생을 제가 안 하려면 아빠에게 얼마나 줘야 해요? 대부님에게 돈을 달라고 해서 아빠에게 줄게요." 이 말에 나는 과연 어떻게 반응할까? 간단해. 억만금을 받더라도 내 화를 가라앉히지는 못할 거야.

가족이나 친구들끼리는 서로가 서로를 위해서 뭔가를 해. 이것 또한 교환의 한 형태지만, 금전적인 교환은 아니지. 우리는 우리 집 안(오이코스*)에서 일을 교환해. 이것은 친근함의 행위인 선물 교환을 생각나게 하지, 물건과 서비스가 비인격적으로, 오직 교환가치만을 바탕으로 교환되는 시장을 생각나게 하지는 않아.

예전에는 대부분의 물건이 금전적 교환이 아닌 형태로, 가족 (오이코스oikos) 단위로 이루어졌어. 그래서 '경제'를 '오이코-노미아oiko-nomia', 영어로 '이코노미economy'라고 한단다. 농촌에서는 가정 안에서 빵, 치즈, 절인 과일, 고기, 옷 등을 모두 직접 만들었어. 풍년이 들어 풍성한 수확을 올렸을 때는 잉여생산물(예를 들어 토마토, 보리, 직접 필요로 하지 않는 모든 것)을 직접 생산할 수 없는 다른 생산자의 생산물(낫이나 살구, 이와 비슷한 것들)과 교환했지. 허리띠를 꽉 졸라매고 결핍에 시달려야 하는 흉년이 오면, 교환은 중지됐어. 다른 생산물과 교환할 수 있는 잉여생산물이 없었기 때문이야.

지난 200~300년 동안 우리 공동체는 다른 단계에 접어들었어. 우리의 생산물은 점점 더 많이 상품으로 변했지. 실제가치 때문에 우리가 직접 사용하기 위한 물건을 생산하는 데 투여되는 생산력의 비율은 점점 더 줄어들었어. 부엌 찬장을 슬쩍 보기만

· · · · · · · · ·

* 오이코스oikos는 '사는 곳' '집'이라는 뜻의 그리스어. 영어 접두어인 에코(eco-)에 해당하며, economy(절약, 경제)라는 말이 오이코스에서 나왔다.

해도 교환가치 때문에 생산된, 한 가족은 결코 생산할 수 없을 정도로 많은 양의 생산물을 발견할 수 있지.

이러한 상업화, 실제가치에 대한 교환가치의 잇따른 승리는 우리 부엌에서 끝나지 않아. 예전에는 농부들이 가축의 먹이, 땔감, 씨앗 등 자기가 쓸 원료를 직접 생산했지. 오늘날 농부들은 대부분의 원료를 다국적 기업으로부터 사들이고 있어. 다국적 기업은 소를 더 빨리 더 싸게 살찌게 하는 사료, 현대적 트랙터를 움직이는 연료, 생물학적으로 매우 강해서 더위와 추위는 물론, 같은 다국적 기업에서 생산된 살충제에도 끄떡없게 변종시킨 씨앗을 생산할 수 있는 기술력을 지니고 있지.

다국적 기업은 수확이 많은 원료에 대해 탐구한 결과로 얻은 자신의 우월한 위치를 확고한 것으로 만들려고 힘쓰지. 어떻게? 그들이 생산한 씨앗의 유전자에 대한 소유권을 법적으로 확보하는 거야. 이렇게 해서 우리는 미생물의 세계에까지 시장이 뻗어가는 시점, 유전자까지 교환가치를 갖게 된 시점에 이르렀단다.

상업화는 모든 것을 장악해가는 중이야. 새로운 밀 품종, 심지어 새로운 양의 품종을 개발하기 위한 생물학 공식을 서로 사고파는 다국적 기업을 통해 미생물의 세계가 상업화되지. 아이를 가질 수 없는 부부에게 여성의 자궁이 매우 공식적으로 그리고 합법적으로 '임대'될 수 있으므로 자궁 또한 교환가치를 갖는단다. 이 자궁 속에서, 시험관에서 태어난 아이가 자라게 되지. 머지않아 우리는 우주의 소행성들과 거래를 하고 미생물 세계의 시장 제국을 저 세계에까지 확대할 거야.

이제 경제가 '가족 경제(오이코-노미아)'와는 전혀 상관이 없다는 것을 알게 되었을 거야. '경제'라는 말보다는 '상업 경제'라는 용어가 더 정확한 표현이 될지도 모르겠어. 이 용어는 '시장 관리'라는 말을 연상하게 하지만, 시장 관리와는 전혀 상관이 없단다. 시장 관리란 제공된 물건의 품질을 국가에서 관리한다는 뜻이기 때문이야.

시장 논리 밖의 세계

너도 알고 있듯이, 호메로스의 《일리아스》에서 트로이 전쟁의 영웅들은 명예와 영광, 전리품 그리고 아가멤논의 호의 등을 얻기 위해 서로 괴롭히고 싸우고, 심지어는 목숨까지 바쳤어. 호메로스가 이야기했듯이, 아킬레우스는 오랫동안 전투에 나서지 않았어. 전투에 참여해서 얻은 전리품을 아가멤논이 빼앗겠다고 결정한 데 대해 화가 났기 때문이야. 아가멤논은 아킬레우스의 도움이 너무나 필요하다는 사실을 정확히 알고 있었지만, 아킬레우스로부터 제멋대로 빼앗은 전리품에 대한 보상으로 돈을 준다거나 하는 타협안을 내놓을 생각은 전혀 하지 않았지. 아가멤논이 그런 제안을 했더라면 아킬레우스는 의심할 여지 없이 더욱더 큰 모욕을 느꼈을 거야.

비상업적인 물건을 실제 물건과 똑같이 가치 있는 것으로 간주했던 사람이 고대 그리스의 시인만 있었던 것은 아니야. 호메로스를 본받으려고 했던 로마의 시인 오비디우스는 아이아스와 오디세우스의 논쟁에 대해 이야기했어. 아킬레우스가 죽은 다음 그의 갑옷을 누가 물려받느냐 하는 문제였지. 이 갑옷은 아킬레우스의 어머니의 의뢰로 헤파이스토스가 직접 만든 훌륭한 갑옷이었어. 오비디우스의 이야기에서는, 그리스의 사령관들이 두 사람의 주장을 들어본 다음에야 누가 그리스 반신半神의 갑옷을 입을 만한 자격이 있는지 결정을 내렸지. 마침내 트로이 목마를 만들어낸 교활한 설계자 오디세우스의 주장이 용맹스러운 전사 아이아스의 주장을 꺾고 승리를 거둔단다. 돈을 가장 많이 내는 사람이 갑옷을 가져갈 수 있도록 경매에 부칠 생각을 아무도 못 했다는 것이 흥미롭지. 오늘날 같으면 경매에 부쳤을 텐데 말이야.

왜 그들은 갑옷을 경매에 부칠 생각을 하지 않았을까? 아이아스도 오디세우스도 그리스의 다른 어느 장군도 이 갑옷의 (혹시라도 나중에 더 비싼 값에 팔 수 있는) 교환가치에는 관심이 없었기 때문이야. 그렇다고 (전투에서 사용하기 위한) 순수한 사용가치에 관심이 있던 것도 아니었어! 이 갑옷을 물려받는 사람에게 값을 매길 수 없이 소중한 이 갑옷의 가치는 순전히 상징적이었지. 다시 말해 그것은 실제가치였던 거야.

사실 예전에는 생산물의 극히 일부만 시장에 나왔어. 그렇다고 고대나 중세 또는 유럽의 식민지에 상품이나 시장 그리고 교환가치가 없었다는 뜻은 아니야. 물론 있었지. 옛 페니키아 사람들, 그리스 사람들, 이집트 사람들, 중국 사람들, 멜라네시아 사람들은 수천 킬로미터를 항해하면서 온갖 종류의 생산품을 세계의 한쪽 끝에서 다른 쪽 끝으로 실어 날랐어. 그러고는 장소와 장소의 교환가치 차이를 이용해 이익을 챙겼지. 어떤 사회에서든 시장은 아주 옛날부터 발전했단다.

이 모든 것은 한 사람이 다른 사람에게 "네가 나에게 사과 하나를 주면 나는 너에게 오렌지 하나를 줄게."라는 말로 시작되었어. 하지만 당시 사회가 시장사회는 아니었지. 달리 표현하자면, (오늘날과 달리) 이 사회는 시장의 논리로 움직이지 않았어. 그저 시장이 있는 사회였지. 시장사회와 시장이 있는 사회의 차이점을 이해하는 데는 두 가지 질문을 하는 것으로 충분해.

1. 라틴아메리카의 에스파냐 상인들은 왜 성공했을까? 또는 100년 뒤 영국인과 네덜란드인은 동아시아에서 왜 성공했을까?

2. 1970년대 이후 미국에서 일본의 자동차 제조업체는 왜 성공했을까?

마야인보다 훨씬 더 뛰어난 에스파냐인 정복자의 우월한 군사력과 함대가 보유한 무기를 생각해보면 첫 번째 질문에는 매우 간단하고 쉽게 대답할 수 있지. 동아시아에 진출한 영국인과 네덜란드인에 대해서도 똑같이 답할 수 있고. 이들이 우월했던 것은 인도양과 태평양에 전함을 갖고 있었기 때문이기도 하단다. 그러나 두 번째 질문은 군대나 군함의 우월성으로는 답할 수가 없어. 이 질문은 순수하게 경제적인 개념으로만 답할 수 있단다. 일본의 자동차 제조업체가 성공을 거둔 것은 일본 산업의 구조, 비용을 더 들이지 않고서도 생산성을 높이는 그들의 능력, 자동차의 품질, 기술적인 디테일 등과 관계가 있어.

더 간단히 말해 19세기 이전의 동아시아와 아메리카에서 유럽 상인들의 우월함을 설명하는 데는 경제적인 분석이 필요하지 않아. 당시에는 아직 시장(또는 시장사회)의 논리로 움직이는 경제가 없었고 오직 시장이 있는 경제만이 존재했기 때문이라는 단순한 이유에서야. 300년 전과는 달리 오늘날 우리 사회에서는 순전히 시장사회라는 것이 문제가 되고, 결과적으로 이 사회는 오로지 경제적 개념으로만 이해할 수 있지. 나는 경제에 관한 우리 대화에서 이 점에 대해 다루려고 한단다.

이제 질문은 이렇게 바뀌게 되지. 어떻게 그리고 왜 시장이 있는 사회가 시장사회로 변했을까?

시장사회의 탄생

하나의 제품을 생산하려면 세 가지 기본 요소, 즉 인간의 노동, 노동자가 사용할 도구나 기계, 생산이 이루어지는 토지나 공간(예를 들어 광산이나 사무실)이 필요해. 간단히 말해 생산은 노동, (일반적으로 자본이라고 불리는) 생산된 생산수단, 토지라는 세 가지 요소를 기초로 한단다.

고대사회에서는 이 세 가지 생산요소 가운데 어느 것 하나도 상품으로 구현되지 않았어. 고대사회에서는 물건이 문제였지 상품이 문제가 아니었지. 봉건제도 아래의 농노도 힘들게 일하기는 했지만, 자신의 노동을 봉건지주에게 판매하지는 않았어. 그렇다고 노동을 빌려준 것도 아니야. 지주는 농노가 수확한 작물 대부분을 폭력적으로 빼앗아 갔단다. 도구(또는 생산된 생산수단)는 농노가 직접 만들거나, 같은 영지에서 일하며 농노에게 도구를 넘겨주는 대가로 먹을 것을 얻었던 수공업자가 만들었어. 우리 각자가 가족의 식사를 위해 얼마간 기여하는 식이었지. 마지막으로 토지 또한 상품이 아니었어. 사람들은 지주로 태어나거나(지주는 조상으로부터 물려받은 땅을 팔겠다는 생각은 절대 하지 못했어), 아니면 예속 농민으로 태어났지(그래서 절대로 자기 땅을 소유하지 못할 운명이었단다).

시장사회는 이 세 가지 생산요소가 상업화되었을 때 태어났어. 바로 세 가지 생산요소가 교환가치를 갖게 되었을 때지! 확대된 시장에서 생산요소가 사고 팔리게 되었을 때, 노동자가 노동시장에서 일자리를 찾았을 때, 수공업자가 생산된 생산수단을 판매하는 고도로 발전된 시장에서 자기가 만든 도구를 거래했을 때, 마지막으로 토지 또한 판매나 임대를 통해 교환가치를 지니게 되었을 때야.

이 세 가지 생산요소는 어떻게 상품으로 바뀌게 되었을까? 각각의 경우에 무슨 일이 일어난 걸까? 18세기 중반 영국을 비롯한 유럽의 여러 나라에서 일어나 세계를 변화시키고 지구 전체를 시장사회로 변화시킨 산업혁명의 결과는 무엇이었을까?

짐작할 수 있겠지만, 이것은 아주 긴 이야기야. 내가 하나하나 자세히 이야기한다면 너는 지루해서 못 견딜 거야. 그러니 중요한 점만 간추려 말하자면, 모든 일은 조선술의 발전, (중국인이 처음 발명한) 나침반의 사용 그리고 항해술의 전반적인 발전으로 시작되었단다. 이것들은 모두 유럽의 선주들이 세계무역에 꼭 필요한 신항로를 발견하는 데 기여한 것들이지.

에스파냐와 네덜란드, 영국, 포르투갈 상인들은 잉글랜드와 스코틀랜드에서 생산된 양털을 배에 싣고 상하이로 가서 중국 비단과 바꾸었어. 그리고 다시 서쪽을 향해 떠나기 전에 요코하마에서 이 비단을 일본의 칼과 맞바꾸었지. 그 뒤에는 뭄바이에서 멈추어 일본의 칼을 인도 향신료와 교환했단다. 마지막으로 이 향신료를 유럽으로 가지고 가서, 원래 가지고 떠났던 양털보다 훨씬 더 많은 양털과 다시 바꾸었지. 그러고는 이 모든 과정을 처음부터 다시 반복했단다.

이렇게 해서 양털, 향신료, 비단, 칼 같은 제품들이 전 지구적인 가치를 지닌 상품으로 바뀌었어. 생산자 입장에서는 교환가치와 뗄 수 없는 가치를 지닌 제품으로 바뀐 거야. 새로운 시장에서 이런 제품을 소유한 상인이나 생산자는 부자가 되었어. 언젠가부터 잉글랜드와 스코틀랜드 지주들은 저택의 창문을 통해 자신이 거느리는 거대한 농노 무리를 내려다보았어. 그러다가 커져가는 국제무역망이 제공하는 부를 더 많이 얻으려면 새로운 가능성을 좀 더 잘 이용해야 하지 않을까 하고 머리를 굴렸지. 그러고는 스스로에게 질문을 던졌어. "양파와 순무를 재배하는 데 왜 저렇게 많은 농부가 필요해?" "양파가 국제시장에서 무슨 가치가 있단 말이야? 하나도 없지!"

양털이 양파보다 더 높은 가치를 지니고 있었기 때문에 지주들에게는 다음과 같은 아이디어가 떠올랐어. '농노들을 말도 잘 듣고 수익도 더 많은 양떼로 바꾸면 훨씬 더 이익이겠어!' 이런 일이 실제로 일어났단다. 몇십 년도 채 안 되어서 영국의 모든 지방 풍경이 바뀌었어. 농부들은 몇 세대에 걸쳐서 같은 주인을 모시며 같은 장소에서 살았고, 부모가 하던 관습대로 일을 해왔어. 그런데 수백 년 동안 대를 이어 지켜지던 평화와 안정이 갑작스럽게 깨져버린 거야.

봉건지주가 영지의 주민을 미련 없이 거리로 내몰고 그 자리를 양으로 채운 순간, 대영제국은 시장이 있는 사회에서 시장사회로 변했어. 왜? 먼저, 예속 농민의 추방은 노동력을 상품으로 바꾸고 토지까지도 상품으로 바꾸었지. 어떻게? 우리가, 너와 내가, 갑자기 영국 어느 시골의 진창길에 나앉게 되었다면 우리는 무슨 행동을 했을까? 아마도 가장 가까운 마을로 달려가 가장 먼저 발견한 집 대문을 두드리면서 이렇게 애원했을 거야. "빵 한 조각과 잠잘 곳만 주신다면 무엇이든 시키는 대로 하겠습니다." 이것이 물건으로 지불된 최초의 노동이었어!

정확히 이런 일이 실제로 일어났단다. 예전에는 농부였던 이들이 수천 명씩 시골길을 따라가서 자기가 가진 유일한 상품인 노동력을 팔려고 내놓았어. 이들의 부모와 조부모는 노동을 팔지 않고 (그들은 일을 할 때 토지와 도구를 사용할 수 있었으므로) 일했었지만 이제 이 농부들은 노동을, 그것도 자기 자신의 노동을 팔아야만 했지. 시장경제가 온전히 자리를 잡을 때까지 몇십 년 동안, 새로운 노동시장에 공급은 엄청나게 많았지만 수요는 아주 적었다는 것이 이들의 비극이었어. 공장들이 세워질 때까지 일자리를 잃은 전직 농부들을 받아줄 수 있는 구매자는 하나도 없었지. 이 농부들이 맞이한 것은 굶주림, 질병 그리고 불행이었단다.

이제 토지라는 요소를 살펴보자. 어떻게 예속 농민이 쫓겨남으로써 생산적인 토지의 성숙한 시장이 등장했을까? 간단해. 지주들은 농부들을 양으로 대체함으로써 토지가 (사용가치나 실제가치뿐 아니라) 간접적이기는 하지만 국제무역을 통해 매우 분명하게 정해지는 교환가치를 갖게 되었다는 사실을 알게 되었어. 국제시장에서 양털의 교환가치가 올라가면 올라갈수록 일정한 수의 양을 기를 수 있는 토지 1헥타르의 가치 또한 더 높이 올라갔지. 풀이 빽빽하게 자랄수록 같은 땅에서도 더 많은 양을 먹일 수 있었고, 결과적으로 양털을 더 많이 생산할 수 있었단다.

이렇게 해서 양털의 교환가치가 토지의 교환가치를 결정하게 되었어. 사용하지 않는 들판 약간을 전직 예속 농민에게 목초지로 임대할 동기가 갑자기 영주에게 생겨났단다. 영주는 토지를 빌려주고 농민들로부터 임대료를 받았어. 이제 '기업가'가 된 전직 농민은 양털을 시장에 내다 팔고 거기에서 얻은 수입을 임대료 내는 데 써야 했지.

예속 농민이 기업가, 즉 '상인'으로 변한 시기가 정확히 조상의 땅 또한 상품이 된 순간이었다는 사실에 주목해야 해. 농민은 주인이 소유한 땅에 속했어. 농민은 땅을 갈고, 지주는 수확의 일부를 받았지. 이러한 생산과정 어디에도 시장은 없었어. 농민이 생산한 생산물, 토지 자체, 그리고 노동은 지주가 자기 농노에게 얼마만큼의 동정심을 갖고 있느냐 하는 둘의 관계에 따라서 분배되는 실제가치만 갖고 있었지.

농민들이 추방된 뒤로는 모든 것이 달라졌어. 대다수 사람들은 어느 한 시장으로 들어갈 수밖에 없었지. 대부분의 농민들은 노동시장으로 들어갔고, 그곳에서 자기의 노동력을 팔았어. 몇몇 농민들은 여전히 지주의 땅에서 일했지만, 완전히 달라진 조건에서 일을 하게 됐지. 땅을 빌려 쓰는 사람으로 일했고, 임대료는 양털의 가격에 달려 있었어. 자기 어머니와 아버지는 지주가 수확물에서 얼마나 남겨 줄까, 그래서 겨울에는 굶주리지 않아도 될까, 하고 걱정한 반면, 땅을 빌려 쓰는 농민들은 이제 다른 걱정을 하게 되었지. '시장에서 양털을 팔아 임대료를 낼 수 있을 만큼, 우리 아이들을 먹일 옥수수를 충분히 살 수 있을 만큼 이윤을 남길 수 있을까?' 하는 걱정이었어. 다른 말로 하면 이들은 노동의 교환가치(일당)가 얼마나 될지 걱정하거나, 지주의 땅을 빌려 쓰는 사람으로서 생산한 양털의 교환가치가 얼마나 될지 걱정하게 된 거야.

역사의 음울한 실험실, 공장

이렇게 해서 영국은 시장이 있는 사회에서 시장사회로 발전했어. 이 과정은 18세기 후반, 지칠 줄 모르고 시커먼 연기를 내뿜는 높은 굴뚝이 달린 비인간적인 건물이 풍경 속에 덧붙었을 때 끝이 났지. 이 건물은 스코틀랜드 사람 제임스 와트가 발명한 증기기관이 안에서 쉼 없이 돌아가고 있는 공장이었어.

너는 이제 나에게 물을 거야. 왜 하필 영국이었느냐고. 산업혁명이 프랑스나 중국에서는 왜 일어나지 않았느냐고. 여기에는 두 가지 기본적인 원인이 있었어. 영국에서는 소수 지주의 손에 토지가 집중되어 있었지. 그리고 유럽의 다른 나라나 중국의 봉건 지주는 자기가 부릴 수 있는 대규모 군대를 갖고 있었지만, 영국의 지주들에게는 이렇다 할 군사력이 없었어. 그래서 영국의 지주들은 거친 폭력 사용에 의존하지 않고 부를 늘릴 다른 방법을 찾아야 했지.

바다의 항해자들이 물길을 열어서 세계적인 무역이 가능해졌을 때, 국제적으로 인기 많은 상품을 더 많이 생산해서 부자가 되기 위해 가장 먼저 이 기회를 이용한 사람들이 바로 영국의 지주들이었어. 소수 봉건지주의 손에 토지가 집중되어 있었다는 것은 (초기 시장사회의 형성을 불러온) 예속 농민의 대대적인 추방이 상대적으로 소수 지주들만의 동의로도 가능했다는 것을 뜻하지.

세계적인 무역을 통해 그리고 영국의 식민지(특히 아프리카 노예들이 영국인 지주의 농장에서 뼈 빠지게 일하는 카리브 제도의 식민지)로부터 엄청난 돈이 런던의 은행으로 쏟아져 들어왔어. 당시 영국은 갈수록 많아지는 이런 엄청난 액수의 돈과 수십만 명의 곤궁한 실직자가 함께 담겨 있는 커다란 냄비와 같았지. 이 냄비 속으로 이제 와트 선생의 증기기관까지 들어왔단다. 이 냄비를 조금 저으면 무엇이 만들어질까? 바로 공장이야! 공장에서 전직 농부의 후예들은 (역사상 처음으로) 공장 노동자로서, 새로운 증기기관 옆에서 땀을 흘리는 노동자로서 일자리를 발견했단다.

이것은 누구의 아이디어였을까? 공장을 짓겠다는 생각은 도대체 누가 했을까? 당연히 국제시장에 양털, 직물, 금속과 같은 특정 제품에 대한 엄청난 수요가 있다는 것을 눈여겨본 상인 또는 몇몇 귀족들이었지. 이들은 이 특정 제품들을 빠르고 싸게 만들어낼 수 있다면 더 부자가 될 수 있다고 생각했어. 이들은 길거리에서 빵 한 조각이나 일자리 하나, 아니면 다른 무언가를 구걸하는 실직자 무리를 보았어. 그러다 이들은 무슨무슨 와트라는 양반이 베틀 1000개를 동시에 돌릴 수 있는 기계를 발명했다는 소식을 들었단다. 이것으로 충분했어. 첫 번째 공장이 세워지는 것은 시간문제였지.

커다란 모순

실제가치에 대한 교환가치의 승리는 세계를 변화시켰어. 훨씬 더 좋게. 그리고 훨씬 더 나쁘게. 둘 다를 동시에!

한편으로 물건, 토지 그리고 식민지 노예 노동의 상업화는 믿을 수 없는 편견과 제정일치, 반계몽주의에 종말을 가져왔어. 상업화는 육체노동은 이제 사라질 것이라는 희망을 보여주고, '자유'라는 이념을 낳았으며, 모든 사람을 위해 물건을 생산하기 위한 전제 조건을 만들어냈지.

다른 한편으로는 지금까지 알려지지 않은 불행도 가져왔어. 새로운 형태의 절대적 빈곤, 새로운 종류의 잠재적 노동이 생겨낳기 때문이야. 경작할 수 있는 땅에서 농민들을 떼어놓음으로써 시장사회가 찾아왔어. 이와 함께 이제 아무 가진 것 없는 농민들은 공장 노동자가 되거나 지주에게 임대료를 지불하는 임차인이 되었단다. 봉건시대와 달리 아무도 그들에게 강제로 노동을 시키지 않는다는 점에서 공장 노동자나 임차인은 '자유로운' 생산자였어. 어떤 면에서 이들은 실제로 자유로웠지. 이들의 노동을 살 '구매자'가 있었기 때문에 이들은 자기가 원하는 일을 할 자유가 있었어. 그러나 생산수단으로부터도 완전히 '자유로워졌어'. 이들은 글자 그대로 길에 나앉았기 때문이야. 원하는 곳으로 갈 자유는 있었어. 동시에 토지에 접근할 길도 전혀 없었으므로 실직이 가져오는 완전한 빈곤에 빠졌단다. 자기 자신의 육체와 이성을 판매하는 사람이자, 다른 상품들과 나란히 공급과 수요에 좌우되는 노동시장의 제물이 된 거야.

일거리를 찾은 사람들은 맨체스터 공장이나 웨일스 광산의 숨막히는 공기 속에서 하루에 14시간 이상을 일했어. 당시 신문을 보면 영국에서는 되도록 일을 많이 시키기 위해서 10살짜리 아이들을 증기기관에 쇠사슬로 묶어놓았다는 것을 알 수 있어. 임신한 여인들이 콘월*의 광산에서 힘들게 일하다가 갱도 안에서

. . . .
* 영국 잉글랜드 남서부에 있는 주.

아이를 낳는 일도 자주 있었단다. 같은 시기에 식민지(예를 들어 자메이카)와 남아메리카에서는 유럽의 노예 상인이 아프리카의 고향에서 납치해 교환가치로 판매한 노예들의 중노동을 바탕으로 생산이 이루어지고 있었지.

인류 역사상 이런 일은 한 번도 없었어. 인류는 매우 일찍 세계화되었지. 너도 알겠지만, 우리는 모두 아프리카 출신이야. 그런데 산업혁명은 엄청난 차이를 만들어냈어. 헤아릴 수 없는 부와 말할 수 없는 불행이 동시에 나타났지. 농업혁명으로 나타난 불평등(이에 대해서는 앞장에서 이야기했지?)은 지금까지 알려지지 않은 새로운 불평등, 산업혁명과 가격의 승리가 가져온 불평등을 통해 극도로 확대되어갔단다.

〰〰〰〰〰

3장

**부채,
산업혁명의
엔진이 되다**

〰〰〰〰〰

노동자 계급의 시작은

조상의 경작지에서 쫓겨난 농민들이었어.

이와 나란히 영국 농촌 지역에서는

초기의 기업가 계급도 생겨났단다.

기업가는 생산을 하기 위해,

그리고 지대와 임금을 지불하기 위해,

고리대금업자와 지주들에게 돈을 빌림으로써 부채를 졌어.

이렇게 해서 맨 처음에 부채가 있게 되었고,

부채는 다시 이윤 자체를 목적으로 만들었지.

다시 말해 이윤은 처음에는 기업가, 그다음에는 노동자,

마지막으로 전체 시장사회의 생존을 위한

전제 조건이 되었단다.

불편하지만 없어서는 안 되는 부채

"우리가 있는 곳이 바로 지옥이다." 크리스토퍼 말로*의 유명한 희곡《파우스트 박사》에서 메피스토펠레스가 한 말이야. 메피스토펠레스는 자신을 휘감고 있는 검은 연기처럼 도처에 지옥을 가져왔어. 메피스토펠레스를 만난 파우스트는 자기가 갑자기 지옥에 빠진 것이냐고 물었지. 그러자 메피스토펠레스는 파우스트에게 "지옥에서는 우리 또한 영원하지."라고 이야기해.

파우스트가 자기 영혼을 어떻게 메피스토펠레스에게 팔았는

. . . .
*크리스토퍼 말로(1564~1593)는 16세기 영국의 극작가이다.《파우스트 박사》는 영어로 쓰인 희곡이므로 '파우스트'가 아니라 '포스터스'라고 표기해야 하겠지만, 흔히 알려진 대로 '파우스트'라고 적었다. 메피스토펠레스는 파우스트 박사와 계약을 맺어 그 혼을 손에 넣었다고 알려진 독일의 악마다.

지는 어른을 위한 음산한 이야기지 아이들을 위한 이야기는 아니야. 내용이 잔인해서가 아니야. 잔인하기로는 그림 형제의 동화가 더하지. 이 이야기가 어른을 위한 이야기라고 하는 것은 여기에서 다루는 부채, 빚이라는 개념이 아이들이 이해하기에는 너무 어렵기 때문이야.

말로의 희곡에서는 다음과 같은 일이 벌어진단다. 메피스토펠레스는 흥미로운 제안을 하며 파우스트 박사에게 접근해. 파우스트 박사에게 20년 동안 엄청난 행운을 안겨주는 대가로, 나중에 박사의 영혼을 넘겨달라는 거야. 이 말을 듣고 곰곰이 생각을 거듭한 파우스트는 20년 동안의 행운이라면 충분하며, 그 뒤에는 메피스토펠레스가 자기 영혼을 마음대로 해도 좋다는 결론을 내려. 박사가 제안에 동의하자, 메피스토펠레스는 씩 웃으면서 계약을 맺자고 하지. 상징적이면서도 큰 효력을 갖도록 파우스트가 스스로의 피로 서명을 해야 한다는 거야. 냉정하게 따져보면 이 계약은 메피스토펠레스에게 파우스트가 부채를 지었다고 확인하는 거였어.

"나(파우스트)는 너(메피스토펠레스)로부터 20년간 행운을 받는다. 그 대신 나는 약속한다. 대출 만기가 되면 너는 나에게서 내 영혼을 받는다."

인간은 늘 부채를 지며 살아왔어. 어려운 상황에 처한 사람을 이웃이 도우러 와. 이 사람은 이웃에게 감사하며 말하지. "내가 너에게 빚을 졌구나." 그럼 굳이 계약을 하지 않더라도 둘 다 알고 있지. 도움을 준 사람이 미래에 곤란한 상황에 처하면, 전에 도움을 받은 사람이 도움 준 사람의 선행에 보답할 거야. 그럼으로써 도덕적 의무를 치르지. 그러나 이런 친목 행위와 부채는 우리가 오늘날 볼 수 있듯이, 계약과 이자가 따른다는 두 가지 점에서 차이가 있어.

계약은 비공식적 합의("네가 오늘 나를 도와주면, 나는 내일 너를 도와줄게.")를 특정한 조건이 딸린 공식적인 의무로 변화시키지. 이 조건은 돈으로 표현되어 교환가치의 형태를 띤단다.

이자를 주겠다고 약속하는 것은 오늘 뭔가를 주는 사람이 그 대가로 미래에 더 높은 가치를 지닌 뭔가로 돌려받겠다는 뜻이야. 친목을 위한 행동에서는 도움을 제공하는 동기가 올바른 일을 했다는 느낌(제공 자체가 그 사람에게 주는 느낌)에 있어. 반면 대출 계약의 경우에는 그 동기가, 오늘 준 것보다 더 높은 교환가치를 지닌 뭔가를 미래에 받는다는 교환 잉여가치에 있지.

달리 말해서(앞장을 생각해봐) 우리가 다른 사람들에게 친절을 베풀거나 뭔가 가치 있는 것을 제공했다면, 우리가 받는 보상은 실제가치뿐이야. 그러나 우리가 '다른 사람들'에게 시장사회의 틀 안에서(즉, 교환가치의 영역에서) 뭔가를 빌려주었다면, 우리가 받는 보상 또한 교환가치를 갖게 되지. 다시 말해 우리는 '이자'를 받는 거야.

파우스트가 메피스토펠레스에게 진 부채 이야기는 시장이 있는 사회에서 시장사회로 변화하는 시기에 살았던 인간의 불안을 반영하고 있다는 점에서 의미가 있어. 교환가치가 실제가치보다 점점 더 우위를 점해가던 16세기에 말로의 작품이 등장한 것은 결코 우연이 아니야. 이 때문에 나는 파우스트와 메피스토펠레스의 이야기가 아이들에게는 적합한 이야기가 아니라고 생각해. 이 이야기는 인류 역사에서 매우 고통스러운 순간을 강렬하게 조명하고 있기 때문이야.

이슬람교에서는 이자 받는 행위를 금지한다는 말을 들어보았을 거야. 무슬림은 돈을 빌려주고 이익을 얻는 것, 즉 '다른 사람들'의 부채를 통해 이익을 얻는 것을 용서할 수 없는 일로 여겨.

말로가 이 희곡을 썼을 때는, 크리스트교도 마찬가지였어. 크리스트교인들도 오늘날의 무슬림처럼 이자를 받고 돈을 빌려주는 행위를 죄라고 생각했지. 심지어 '돈의 탄생'(그리스어로 '탄생 toketos'과 '이자tokos'는 서로 관련이 있어)을 아담과 이브가 죄를 짓도록 꾀었던 뱀의 배 속에서 일어난 일이라고 기술한 매우 종교적인 글도 있어.

그러니까 이 시기, 16세기에 새로 세워진 은행들이 유대인 소유였던 것은 우연이 아니야. 크리스트교나 이슬람교와 달리 유대교는 이자 받는 것을 금지하지 않았던 유일한 종교였거든.

사실상 시장이 있는 사회에서 시장사회로 사회가 변화하자, 이자에 대한 이러한 이념적인 거부와 법률적인 금지도 바뀔 수밖에 없었어. 이자 받는 행위를 비난하는 것은 우리가 앞에서 이야기했던 토지와 노동의 상업화에 걸맞지 않았지. 비난은 중지되어야 했고, 실제로 그렇게 되었단다.

이자를 허용하게 된 데는 가톨릭교회로부터 개신교가 분리된 것이 매우 중요한 역할을 했어. 개신교 추종자들은 상인 정신을 이어받아 이자와 이자 부과, 그리고 이자율을 허용했단다. 개신교와 가톨릭이 유럽에 영원한 상처를 남길 만큼 지독히 오랜 전쟁을 치렀다는 것은, 그러한 커다란 사회 변화가 아주 어렵고도 피로 점철된 과정을 밟았다는 사실을 단적으로 보여주지.

파우스트 이야기로 잠깐 돌아가보자. 오늘날에는 말로가 쓴 희곡이 아니라 대개 훨씬 뒤인 19세기에 요한 볼프강 폰 괴테가 쓴 《파우스트》를 읽거나 극장에서 공연을 하지. 두 작품 사이에는 아주 기본적인 차이가 있는데, 이 차이를 살펴보는 것도 의미가 있어. 말로의 《파우스트 박사》에서는 20년이 흐른 뒤 파우스트가 계약에서 자기를 풀어주고 지옥으로 데려가지 말아달라고 절박하게 부탁해. 그러나 부탁은 이루어지지 않아. 반대로 괴테

의《파우스트》에서는 파우스트가 마지막에 지옥에 가지 않아도
되지.

이 두 가지 서로 다른 결말을 해석해보자. 앞에서 말했듯이 말
로의 시대에는 이자를 받겠다고 계약하는 것이 큰 죄로 여겨졌
어. 관객들도 파우스트에게 벌을 내리기를 요구했지. 20년 동안
행운을 즐기는 대가로 고도의 이자 형태를 주겠다고(영혼을 주겠
다고) 아무 망설임 없이 파우스트가 메피스토펠레스에게 약속했
기 때문이야. 하지만 괴테가 작품을 쓸 때는 상황이 달랐단다. 교
환가치가 실제가치를 이기고 있었거든. 빌려준 돈에 대한 이자는
도덕적으로 그리고 정치적으로 용인된 가격(또는 교환가치)으로 바
뀌어 있었어.

그래서 괴테의 관객들은 파우스트라는 캐릭터에 더 많은 동
정심을 가졌어. 관객들은 파우스트를 그저 찰스 디킨스의《크리
스마스 캐럴》(너도 잘 아는 그 이야기야)에 나오는 에베네저 스크루
지의 반대편에 놓인 인물로만 보았지. 스크루지는 한평생 돈을
벌어 모았어. 그는 이자를 산처럼 높이 쌓아놓고 자기 자신을 위
해서는 아주 조금만 썼단다. 그러나 마지막에 크리스마스 유령
이 스크루지의 꿈에 나타난 뒤, 스크루지는 금고를 열고 제대로
돈을 쓰기 시작했지. 그러고는 생전 처음으로 즐거움을 맛보았
단다.

잘 생각해보면, 파우스트는 스크루지와 정반대의 일을 한 거야. 파우스트는 처음에 인생에서 행운을 누리려고 대출을 받았고, 그 대신 나중에 고통을 받으며 엄청난 '이자'를 낼 각오가 되어 있었어. 괴테가 이 작품을 썼을 때 생겨난 새로운 시장사회가 요구하는 사람은 둘 중 누구였을까? 스크루지일까, 파우스트일까?

당연히 파우스트였지. 왜냐고? 우리가 구두쇠 스크루지처럼 부를 쓰지 않고 모으기만 한다면 시장은 파괴되고 말 거야. 아무도 상품을 사지 않으니까 가게와 공장은 문을 닫고 시장사회는 매우 깊은 위기에 빠지겠지.

시장사회에서 부채란 크리스트교의 지옥과 같아. 불편하지만 없어서는 안 되는 것이거든.

새로운 계급의 우상이 된 이윤

"모든 것은 돈을 중심으로 돌아간다." 이런 말을 자주 들어보았을 거야. 이 말이 인류에게는 참을 수 없이 냉소적이고 걱정스럽게 염세적이지만, 유감스럽게도 상당한 진실을 담고 있는 것 같아. 하지만 너에게 꼭 해주고 싶은 말이 있어. 오늘날은 모든 것이 돈을 중심으로 돌아가지만, 지금까지 늘 그랬던 것은 아니라는 거야.

모든 것이 권력이나 명예, 그리고 사후의 영광을 중심으로 돌아간 적도 있었단다(이집트의 피라미드를 생각해보렴). 목표에 도달하는 데 돈이 늘 중요한 수단이었을 수는 있어. 하지만 과거에도 모든 것이 돈을 중심으로 돌아갔다는 말은 사실이 아니야. 돈이나 이윤은 목적을 이루기 위한 수단 가운데 하나일 뿐이었지. 오늘날과 달리 과거에는 돈 자체가 목적은 아니었단다.

봉건시대의 지주는 아무리 많은 돈을 준다고 해도 자기 저택을 팔 생각은 절대로 하지 않았을 거야. 지주는 자기 저택을 파는 행위를 부도덕하다고 생각했어. 가족의 보금자리를 파는 것은 가장 큰 죄였기 때문이야. 만약 저택을 팔게 된다면 지주는 자기가 타락했다고 여겼을 거야. 자기가 곤란한 지경에 처해서 (이런 일은 거의 일어나지 않았지만) 저택을 팔 수밖에 없었다고 해도, 지주는 스스로를 굴욕적이고 비난받아 마땅한 실패자라고 인정했을 거야. 저택을 판 대가로 아무리 많은 돈을 받았더라도 말이야.

오늘날은 가격만 적당하다면 팔지 못할 것이 없어. 그것이 성이든, 요트든, 그림이든 다 마찬가지지. 이런 변화가 어떻게 해서 생겼을까? 어떻게 해서 돈이 수단이 아니라 목적이 되었을까?

답은 별로 놀랍지 않아. 그 답은 실제가치에 대한 교환가치의 승리와 관련이 있어. 시장이 있는 사회가 시장사회로 변한 것과도 관련이 있지. 이에 대해서는 이미 이야기했지?

돈의 새로운 역할에 대해 이해할 수 있도록, 왜 시장사회의 등장으로 부채에 새로운 기능이 부여되었는지 먼저 설명해야겠구나. 어떻게 부채가 이윤을 위한 '원료'가 되었는지, 이러한 과정이 이윤과 소득, 그리고 돈의 기능을 어떻게 바꾸었는지에 대해 얘기해보자.

봉건시대에 잉여생산물(1장에서 보았듯이 잉여생산물은 '문화'의 전제 조건이야)의 산출은 '생산 − 분배 − 부채'의 세 단계를 차례로 거치며 이루어졌어. 먼저 예속 농민들이 토지를 경작하고 식량을 생산하면, 다음으로 영주 / 지주 / 봉신이 관리인을 보내. 필요한 경우에는 폭력을 써서라도 봉건영주의 몫을 징수하지(봉건영주와 농민 사이에서 이루어지는 잉여생산물의 분배). 마지막으로 봉건영주는 자기에게 필요 없는 식량을 돈을 받고 팔아. 그리고 채무자를 자기 마음대로 부리기 위해서 또는 제3자로부터 특정한 서비스를 받기 위해서 돈의 일부를 빌려주지.

그런데 토지와 노동이 상업화되었을 때 갑자기 큰 변화가 일어났어. 잉여생산물의 분배가 생산 이후에 이루어지지 않고, 생산도 하기 전에 이루어지기 시작한 거야. 이것을 어떻게 상상이나 했겠니? 영국에서 예속 농민들이 땅에서 쫓겨나고 대신 양들이 그 자리를 차지했던 일을 생각해봐. 이제는 전직 농민들이 지주에게 목초지를 빌려서 양털을 생산하거나 땅을 경작하는 일을 넘겨받았어. 임대료와 자신이 고용한 몇몇 노동자들의 임금을 지불하기 위해 농민들은 이윤을 목표로 일해야 했지.

다른 말로 하면 전직 예속 농민은 이제 소규모 농업 기업가가 되었어. 소규모 농업 기업가는 생산을 하기 위해 지주에게서 토지를 빌리고, 육체노동으로 연명하는 가난한 농민들의 노동력을 사거나 빌렸지.

그런데 이런 과정이 제대로 자리를 잡기 위해 소규모 농업 기업가는 토지 임대료와 일용 노동자에게 줄 임금을 생산과정에서 열매(또는 양털)를 얻기도 전에 미리 마련해야 했어. 생산도 하기전에 지주의 수입인 지대(임대료)와 노동자의 임금을 마련해야 했기 때문에, 잉여생산물이 생산되기도 전에 잉여생산물의 분배를 미리 결정해야 했던 거야.

소규모 농업 기업가는 임금과 지대를 주기 위한 돈을 어디에서 구했을까? 물론 빌려야 했지. 예를 들어 지주와 고리대금업자들이 이자를 받기 위해 소규모 농업 기업가에게 돈을 빌려주었어. 이것이 무슨 뜻일까? 두 가지를 뜻해. 첫째, 생산과정에서 부채는 매우 중요한 역할을 한다는 거야. 이렇게 해서 잉여생산물의 산출 순서가 뒤집어졌어. 생산 ─ 분배 ─ 부채 순서였던 것이 정반대로 부채 — 분배 — 생산 순서로 바뀌었단다.

둘째, 이윤이 새로운 기업가 계급의 우상이 되었다는 것을 뜻해. 새로운 소규모 기업가에게는 이윤이 생존 조건이 되었어. 수확이 넉넉하지 못하거나 생산물의 가격이 곤두박질치면 소규모 기업가는 빌린 대출금과 이자를 갚을 가능성이 거의 없었어. 이런 일이 발생하면 소규모 기업가는 부채의 노예가 되었지. 마치 파우스트처럼 말이야.

부채를 먹고 사는 부

확실하게 이해했으면 좋겠구나. (사회의 중심점으로) 이윤이 등장한 일은 실제가치에 대한 교환가치의 승리와 밀접하게 관련이 있어. 의심할 여지 없이 경제 사슬의 맨 앞에는 부채가 자리 잡고, 맨 뒤에는 생산이 위치하게 된 큰 변화와 밀접한 관련이 있단다.

조금 다른 관점에서도 같은 이야기를 할 수 있어. 시장사회의 기원도 노동과 토지의 상업화에서 찾을 수 있어. 이러한 상업화가 노동자 계급을 생겨나게 했지. 노동자 계급의 시작은 조상의 경작지에서 쫓겨난 농민들이었어. 이와 나란히 영국 농촌 지역에서는 초기의 기업가 계급도 생겨났단다. 기업가는 생산을 하기 위해, 그리고 지대와 임금을 지불하기 위해, 고리대금업자와 지주들에게 돈을 빌림으로써 부채를 졌어. 이렇게 해서 맨 처음에 부채가 있게 되었고, 부채는 다시 이윤 자체를 목적으로 만들었지. 다시 말해 이윤은 처음에는 기업가, 그다음에는 노동자, 마지막으로 전체 시장사회의 생존을 위한 전제 조건이 되었단다.

"아, 늘 그랬던 거 아니에요?" 너는 이렇게 물을 거야. 그러나 아니야. 늘 그랬던 건 절대로 아니란다. 봉건시대에는 지주와 예속 농민이 있었어. 예속 농민은 독자적으로 생산을 하고, 지주가 '자기' 몫을 가져간 다음, 남아 있는 잉여생산물을 받았지. 임금은 없었어, 이윤도 없었고. 지주의 저택에는 부가 쌓여갔고, 있을지도 모르는 부채는 나중에야, 다시 말해 생산이 모두 끝나고 수확물이 분배되었을 때에야 비로소 생겨났단다.

시장사회가 아니라 그저 시장이 있는 사회에서 이윤은 그 자체가 목적이 아니었고 부채 또한 본질적인 문제가 아니었어. 힘 있는 강자들은 다른 봉건영주나 민족들을 약탈하거나, 왕의 총애에 더 가깝게 다가가기 위한 음모를 실행하고, 전쟁이나 결투에서 승리하는 방법으로 자신의 부를 늘려갔지. 이것이 시장이 있는 사회에서 강자들이, 자신들이 꿈꾸었던 부와 권력, 명예를 지키는 방법이었던 거야.

　이윤이란 개념은 강자들의 머릿속에조차 존재하지 않았어. 그래서 나는 이렇게 주장해. 시장사회의 형성이 비로소 부채와 이윤, 그리고 부가 서로 떼놓을 수 없게 연결되는 전제 조건을 만들어냈다고.

　이윤이 부와 연결되어 있다는 사실을 모르는 사람은 없을 거야. 이윤이란 수도꼭지에서 나와 욕조를 채우는 물과 같아. 욕조에 채워지는 물은 부에 해당하지. 수도꼭지에서 더 많은 물(이윤)이 쏟아질수록, 욕조에 채워지는 물(부)의 양도 그만큼 더 많아져. 이것은 널리 알려진 사실이지.

　이보다 덜 알려진 사실은 시장사회의 '부'가 '부채'를 '먹고' 산다는 거야. 그게 어떻게 가능하냐고 물을 수 있겠지. "부채는 우리를 파우스트와 같은 처지로 몰아넣지 않나요?" 답은 그럴 가능성이 무척 높다는 거야. 그런데도 지난 3세기 동안 엄청난 양의 부는 부채를 바탕으로 이루어졌단다. 이미 말한 대로 시장사회에서 부채란 크리스트교가 말하는 지옥과 같은 거야. 불편하긴 하지만 없어서는 안 되는 것이지.

　부채의 새로운 역할로부터 어떻게 그렇게 많은 부가 생겨났으며, 또 어떻게 그렇게 많은 불행이 생겨났을까? 귀족이나 봉건 영주에게는 생산성을 향상시키고 더욱 많은 부를 얻기 위해 기술을 개발할 이유가 전혀 없었어. 지배자로서 이들의 역할은 정치, 법률, 신분 질서, 경제를 통해(특히 예속 농민의 노동을 통해 지켜지는 자기 몫을 통해) 보장받았단다.

이들과는 반대로 기업가는 정치적으로나 법률적으로나 사회적으로 생존을 전혀 보장받지 못했어. 기업가에게 생존할 수 있는 유일한 길은 이윤 속에 있었지.

이윤을 얻기 위해 기업가는 생산이라는 오케스트라의 지휘자가 되어야 했어. 이 말은 부채를 질 수밖에 없었다는 뜻이야. 기업가는 기업가로 살아남기 위해 뭔가를 빌려야 했지. 그러나 부채는 물론 이자까지 갚기 위해, 경쟁 속에서 고객을 잃지 않기 위해 낮은 가격으로 상품을 판매할 수밖에 없었단다. 임금 노동자들에게 아무리 쥐꼬리만 한 월급을 준다 하더라도 생존은 오직 한 가지 방법으로, 즉 노동의 생산성을 향상시킴으로써만 자기의 생존을 보장받았지. 그런데 생산성 향상은 오로지 기술 도입을 통해 가능했어. 그래서 기업가는 제임스 와트의 증기기관 같은 발명품을 들여오기 시작했고, 그렇게 해서 작업장은 공장으로 탈바꿈했지. 그러나 기술에는 돈이 들었단다. 기업가는 기술을 사기 위해 그리고 기술에 투자하기 위해 더 많은 돈을 빌려야 했어.

부채가 어떻게 산업혁명의 연료가 되고 '증기기관', 즉 엔진이 되었는지, 산업혁명은 어떻게 부의 산을 형성했는지, 그리고 그 '부'라는 산의 그늘에는 어떻게 우리가 앞장에서 이야기했던 엄청난 불행이 숨어 있게 되었는지 이제 알 수 있을 거야.

4장

미래로부터 빚진 가치

부채는 시장사회의 첫 번째 자원이야.

이 자원에서 무엇이 생산되지?

이윤이지.

시장사회에서는 잉여생산물이 이윤이라는 형태를

띠기 때문이야.

결국 이윤은 두 가지 종류로 변화해.

첫 번째는 새로운 기술이나 일자리,

그리고 생산에 투자돼.

두 번째는 이윤을 차지하는 사람들의 수중에서

부로 축적되지.

미래에서 빌려온 교환가치

상인은 늘 있었지만, 기업가는 그렇지 않아. 무슨 이야기를 하려고 이 말을 하는 걸까? 선주들은 (영국으로 가져와 넉넉히 이윤을 붙여서 팔았던) 비단과 교환하기 위해 영국의 지주에게 양털을 사서는 생명의 위협을 무릅쓰고 인도로 수송했어. 상품을 생산하고 판매하기 위해 상업화한 토지를 빌려주거나, 토지와 상업화한 노동을 결합했던 기업가의 사업 모델과 선주들의 사업 모델은 기본적으로 조금 달랐단다.

기업가의 사업 모델은 시장사회가 형성되었을 때 생겨났지. 여기에서 가장 흥미로운 점은 기업가가 시간의 경계선 위에 앉아 있는 마법사처럼 행동했다는 거야.

기업가가 얇은 막 앞에 앉아 있다고 상상해보자. 기업가 앞에 수직으로 내려와 있는 이 막은 현재와 미래를 갈라놓고 있는 막이야. 이 막은 정확히 시간의 경계선 위에 드리워져 있어. 기업가는 이 막을 통해 희미하게 미래를 볼 수 있지.

기업가가 갑자기 이 막을 찢으면서 손을 뻗어. 기업가는 현재에 있지만, 기업가의 손은 그 순간 미래에 가 있게 되지. 기업가는 더듬더듬 미래의 교환가치를 움켜쥐어. 그런 다음 다시 손을 안쪽으로 빼. 이렇게 해서 기업가는 미래의 가치를 시간 경계선의 이쪽, 즉 현재로 강제로 가져온단다. 이런 방식으로 아직 생성되지도 않은 교환가치가 현재에 날아와 있는 거야.

기업가는 생산과정에 이 교환가치를 투자해. 이 교환가치는 생산과정을 통해 나중에 만들어내야 하지. 미래에서 빌려온 교환가치를 조금씩 갚아나가면서, 시간의 균형을 다시 찾고, 다른 방식으로는 이룰 수 없는 부를 형성하기 위해서야.

부채가 시장사회에서 갖는 의미가 여기에 있어. 부채는 현재의 가치를 생산하기 위해 미래의 가치를 동원하거든. 말 그대로 마법이지. 하지만 마법 이야기가 대체로 그렇듯이, 여기에서도 곧바로 흑마법이 등장해 사람을 놀라게 한단다. 앞에서 전한 얇은 막 이야기는 거기서 끝이 아니야. 사실 막을 찢고 들어가 미래의 가치를 가져오는 손을 통제할 능력이 기업가에게는 없어. 기업가의 손은 자기 스스로 의지와 의도를 갖고 있거든. 그 손은 다른 특별한 존재야. 바로 은행가지. 실제로 기업가는 생산과정을 도입하기 위해 이 자율적인 손의 도움이 필요했어. 봉건시대의 대부업자에서 시장사회의 전능한 요소로 발전한 사람, 더 정확히는 조직, 이 자율적인 손이 바로 은행가야.

시간을 중개하는 은행가의 손

은행가는 기업가와 달리 생산을 하지 않아. 그럼 은행가는 무엇을 할까? 어떻게 해서 은행가에게 그렇게 많은 부가 쌓였을까? 은행가란 남아도는 돈을 소유한 사람들과 그 돈을 빌리려는 사람들 사이에 있는 중개인이라고 잘못 알고 있는 사람들이 많지? 다시 말해 은행가란 예금자와 대출자 사이를 중개하고 대출자에게서 받는 이자보다 예금자에게 더 적은 이자를 주는 사람이라는 얘기야. 이 차이로 돈을 번다는 것이지.

예전에는 그랬어. 몇 세기 전까지는. 오늘날에도 은행가가 이런 역할을 일부 하긴 해. 하지만 시장사회가 완전히 성장한 이후, 예금자와 대출자 사이를 중개하는 일은 더는 은행가의 주요 업무가 아니야. 발전된 시장사회에서 현재의 가치를 한 사람으로부터 가져다가 다른 사람에게 넘겨주는 일을 하는 사람은 은행가가 아니야. 대신 은행가는 가치를 미래에서 가져와 현재로 건네지. 왜냐고? 이미 존재하는 교환가치만으로는 시장사회를 움직이기에 충분하지 않기 때문이야. 시장사회를 움직이려면 현재 사용할 수 있는 가치, 즉 예금보다 훨씬 더 많은 투자액이 필요하거든.

기업가는 이미 투자한 자본의 현재 가치에서 이익을 얻어. 그러니까 은행가란 기업가의 구체적인 손, 당장 눈앞에 보여서 마음대로 휘두를 수 있는 손이 아니야. 오히려 은행가는 기업가의 비유적인 손이지. 시간의 경계선을 뚫고 들어가, 아직 만들어지지도 않은 가치를 미래에서 현재로 가져와 기업가에게 빌려주는 손 말이야. 기업가는 이 가치로 다시 생산을 시작하고 은행가에게 원금과 이자를 지불하는 방식으로 은행가가 미래에서 '훔친' 가치를 다시 미래로 돌려주는 거야.

그래서 나는 은행가를 '시간 중개인'이라고 부른단다. 이를테면 H. G. 웰스*에게서 타임머신을 훔친 사람이지. 은행가는 이 훔친 타임머신을 타고 시간 여행을 하면서 현재의 기업가에게 돈을 빌려주어 미래의 기업가(같은 사람일 수도 있겠지)를 돕는 방식

· · · · · · · · ·
*H. G. 웰스(1866년~1946년)는 영국의 소설가이다. 주로 과학 소설을 많이 썼으며, '타임머신'이란 말을 처음으로 사용했다. 대표작으로 《타임머신》,《투명 인간》,《우주 전쟁》 등이 있다.

으로 돈을 불려나가. 미래의 기업가에게 지불하는 이자와, 현재의 기업가에게서 받는 이자의 차이에서 은행가의 소득이 생기는 것이지. 이것은 매우 섬세한 사업이야. 시간의 균형을 이룰 수 있느냐, 없느냐 하는 것이 이 사업에 달려 있기 때문이지.

앞에서 나는 은행가를 보고 동화 속 흑마법사를 연상할 수 있는 비유를 들었어. 이 사업에는 큰 문제가 있거든. 이 문제는 다음과 같은 역설에서 생겨나. 시간의 균형이 제 기능을 잘할수록 자기 이윤을 더 늘리기 위해 미래에서 더 큰 가치를 가져오려는 은행가의 동기는 점점 더 강해지지. 은행가의 이윤(자기 몫으로 가져가는 이자와의 차이)은 과거로 가져온 미래 가치의 크기가 더 커질수록 늘어나기 때문이야. 그러나 대출을 해주기 위해 미래에서 가져오는 가치가 지나치게 커지면, 은행가는 결국 '시간의 균형'을 깨뜨릴 수밖에 없어. 이렇게 되면 '펑' 소리와 함께 모든 것이 붕괴하고 말지!

빚을 갚을 수 없는 도산과 파산

'은행가의 손'이 한계를 넘어 현재가 미래에 대한 의무를 감당할 수 없게 되면, 다시 말해 아무리 애를 써도 현재가 이자를 지급할 수 없게 되면, 붕괴하고 말아. 이것이 바로 도산과 파산이야. 은행가의 손이 지닌 오만함이 복수의 여신으로부터 고통스러운 응징을 당하는 것이지.

은행가가 미래에서 교환가치를 가져오면 어떤 일이 생기는지 조금 더 구체적으로 설명해볼게. 일이 어떻게 진행되는지 그 작동 방식을 명확하게 밝혀보자고. 그래야 왜 붕괴가 불가피한 것인지 이해할 수 있을 거야.

자전거를 생산하는 미칼리스 씨가 기계 하나를 사기 위해 은행에서 50만 유로를 빌린다고 가정해보자. 미칼리스 씨는 매우 가볍고 견고한 카본 프레임을 제조하기 위해서 이 돈을 빌리는 거야. 그런데 은행가는 이 돈을 어디에서 가져와 미칼리스 씨에게 빌려줄까? 당연히 이자는 받아야 하겠지?

너무 성급하게 다음과 같이 답하지는 말자. "은행가는 자기 돈 또는 다른 사람들이 은행에 저금한 돈을 미칼리스 씨에게 빌려줄 거예요." 이것은 틀린 답이야. 정답은 이거야. '무無에서 나온다.' 은행가는 그저 미칼리스 씨의 은행 계좌에 마이너스 50만 유로라고 표시할 뿐이야. 이게 무슨 뜻일까? 미칼리스 씨가 현금 출납기의 화면에서 자기 계좌를 확인해보면, 반갑게도 '잔액 50만 유로'라고 적힌 것을 보게 된다는 뜻이야. 미칼리스 씨는 잔액을 확인하자마자 기계 공장의 계좌로 50만 유로를 이체하지. 이렇게 50만 유로라는 금액이 아주 간단하게 무無에서 만들어져.

어느 유명한 경제학자*는 "은행이 무에서 돈을 만들어내는 과정은 너무나 간단해서 상상하기도 힘들다."라고 말하기도 했어. 물론 무에서는 아무것도 만들어지지 않아. 하지만 은행가가 마법처럼 무에서 50만 유로를 만들었다는 것도 앞서 얘기했듯이 사실이야. 50만 유로는 미래에서 온 것이니까! 은행가의 손이 막을 찢고 시간의 경계선을 넘어가 아직 만들어지지도 않은 가치를 현재로 가져오지? 그러고는 이자를 붙여서 그 가치를 미칼리스 씨(기업가)에게 넘겨주는 거야. 이제 우리는 카본 프레임을 장착한 미칼리스 씨의 새 자전거가 높은 교환가치를 갖기를, 그래서 미래가 우리에게 준, 아니 우리가 미래에 빚진 50만 유로와 이자를 갚을 수 있기를 빌어야겠지.

기업가 미칼리스 씨는 은행가의 도움으로 무에서 만들어진, 더 정확히 말하자면 미래에서 가져온 50만 유로를 받았어. 은행가는 이러한 단성 생식**으로 높은 이자 소득을 얻어. 미래에서

---

*자본 시장에 대한 규제가 중요하다고 주장하는 미국의 경제학자 제임스 케네스 갤브레이스를 말한다. 《불확실성의 시대》를 쓴 존 케네스 갤브레이스의 아들이다.
**단성 생식은 암컷 배우자가 수컷 배우자와 수정하지 않고 새로운 개체를 만드는 생식 방법을 말한다.

더 많은 돈을 가져와 더 많은 미칼리스들에게 건넬수록 은행가로서는 더욱 큰 돈벌이가 되지. 은행가가 아무런 규제도 받지 않고 마음대로 돈을 많이 '세상에 심을 수 있다면', 즉 미래로부터 운반해올 수 있다면, 안정과 호황의 시기에는 실제로 아무런 경계선이 없다고 은행가는 믿게 돼. 그래서 그들은 더욱더 많은 돈을 세상에 심지. 그러니까 점점 더 많은 교환가치를 미래에서 현재로 실어 나르는 셈이야.

그러면 유용한 제품을 생산하는 미칼리스들뿐만 아니라 경제를 위해 아무런 이바지도 하지 않고 대출을 받아 투기를 하는 사람들까지도 돈을 빌리려고 하겠지. 예를 들어 가격이 오르리라 기대하고 더 비싸게 되팔 수 있기를 바라며 교환 잉여가치를 얻으려고 부동산을 사는 사람들까지도 돈을 빌린단다.

하지만 현재의 미칼리스들은 미래가 청구하는 이 가치 전체를 언젠가는 더 이상 생산할 수 없게 돼. 투기꾼들 또한 언젠가는 은행에 할부금을 낼 수 없게 되고, 그 결과 은행가들도 미래에 할부금을 낼 수 없게 되지. 그러면 회사와 가게가 문을 닫고, 사람들은 일자리를 잃어. 그리고 부동산 가격은 떨어지고 투기꾼들은 파산을 맞지. 초기에 위기를 극복한 가게와 회사의 매출도 감소해서 결국에는 마찬가지로 문을 닫을 수밖에 없고, 더욱 많은 노동자들이 해고되지. 잠깐 사이에 은행 자체도 미칼리스들과 투기꾼들에게 빌려준 부채의 산 위에 앉게 돼. 그럼 은행은 비누거품 처럼 터져버리고 말지. 은행에 계좌를 갖고 있는 사람들은 은행에 문제가 있다는 것을 눈치채고 자기 돈을 찾으려 할 거야. 은행은 그들에게 돈을 내줄 수 없잖아. 은행은 그 돈을 이미 다른 데다 투자해버렸기 때문이야. 그래서 어쩔 수 없이 은행 문을 닫아. 은행 문이 닫혔다는 소식을 들은 사람들은 패닉에 빠지고 붕괴는 확대되어가겠지.

무슨 일이 일어나는지 이제 알겠지? 시간의 균형이 유지되는 한, 모든 것은 매끄럽게 돌아가. 미칼리스들은 멋진 자전거를 생산하고, 미칼리스들이 산 기계를 생산하는 공장은 더욱 많은 노동자를 고용하며, 노동자들은 자전거를 비롯한 다른 소비재를 구입하지. 투기꾼들은 무언가를 생산하지 않으면서도 돈을 벌고, 시장사회는 성장하고 번영을 누려.

하지만 이 경제 성장 안에 악의 씨앗, 즉 흑마법의 발단이 숨어 있어. 바로 불안정과 불안, 불행을 낳는 은행 제도가 그거야. 시간의 균형은 불균형을 낳고, 안정은 불안정을 낳고, 성장은 붕괴를 낳아. 이렇듯 역설적인 악의 기원 뒤에는 은행가의 손이 숨어 있는 거야.

시장사회에서 부채란 불가피한 것이라고 했던 것 기억나니? 부채가 없이는 이윤이 없다는 것도? 그리고 이윤 없이는 잉여생산물 또한 없다는 것도? 이제 여기에다 하나 더 추가해야겠다. 이윤과 부를 낳는 과정과 똑같은 과정이 붕괴와 공황을 낳는다고. 성장 과정이 안정되면 안정될수록 마법의 힘을 지배하고자 하는 은행가의 욕심은 더욱 커져가. 그러나 은행가의 마법이 흑마법으로 바뀌는 경계선을 넘었다는 것도 제대로 알지 못하는 사이에, 파산이 뒤따르게 돼. 붕괴란 시간의 균형이 갑작스럽게 깨지는 거야. 그 결과 현재는, 빚진 것을 이제부터는 갚을 수 없다고 미래에 고백해야 하지.

국가의 개입과 독점적 특권

시장사회가 모든 것을 운명에 내맡기면 붕괴의 순간에 몰락이 시작돼. 기업가는 아무것도 할 수 없어. 돈이 없거나 파산 직전이기 때문이야. 은행가도 마찬가지지. 시장은 얼어붙고, 소비자들은 허리띠를 졸라매고 지출을 줄여.

　여기까지는 그래도 괜찮아. 하지만 상품에 대한 수요는 더 줄고, 더 많은 회사가 문을 닫게 될 거야. 소비는 더 감소하고, 시장은 더 큰 어려움에 빠지지. 이 과정은 끊임없이 계속된단다. 쉽게 말해 붕괴가 일으키는 건 바로 공황이야.

누가 이 흐름을 멈출 수 있을까? 개인들이 이 재난과 다름없는 소용돌이에 빠진 순간부터, 행동을 할 수 있는 건 오직 국가뿐이야. 시장사회에서 처음으로 경제 위기가 목격된 19세기 이후, 격분한 시민들의 압력을 받으면서 국가는 개입을 해야만 했지. 하지만 어떻게 개입할 수 있을까?

국가가 최초로 개입한 곳은 악의 뿌리인 은행 제도였어. 공황이 시작되어 은행이 차례로 무너지면 국가만이 곧바로 개입해 그 과정을 멈추고 무언가 조치를 취해 연쇄 작용을 막을 수 있어. 원래는 문을 닫아야 하는 은행을 계속해서 열어두도록 허용하는 거야. 하지만 어떻게? 국가가 은행에 돈을 빌려줌으로써 은행을 유지하게 하는 거지. 그런데 국가는 그토록 짧은 시간 안에 그 많은 돈을 어떻게 마련할 수 있을까?

국가는 돈을 마련하기 위해 어쩔 수 없이 자체 은행을 세워. 위기의 시기에 은행에 돈을 빌려주는, 이른바 중앙은행을 세우는 거야. 바로 무無에서 돈을 빌려주는 은행이지!

자전거 제조업자 미칼리스 씨에게(벌써 잊은 건 아니겠지?) 빌려주기 위해 민간 은행이 50만 유로를 '만들어'낸 것과 같은 방식으로 중앙은행 또한 어려운 시기가 되면 민간 은행에 건네줄 돈을 아주 쉽게 몇백억 유로, 필요하면 몇십억 유로라도 '만들어'낸단다. 그러나 이런 조치를 취하기 위한 수단을 확보하려면 발행한 돈에 대해 중앙은행이 독점권을 가져야 해. 이렇게 해서 독점적으로 화폐를 발행하고 통화를 관리하는 국가의 특권이 생기는 거야.

붕괴를 막고 패닉을 잠재우고 시장경제를 어떻게든 안정시키기 위해, 화폐 발행을 국가가 독점하면서 중앙은행이 최종 대출기관으로서 역할을 하는 것은 절대적으로 필요한 일이야. 하지만 이것만으로는 결코 충분하지 않아.

국가는 그 이상의 조치들을 차례로 취할 수밖에 없어. 이를테면 은행 하나가 파산하더라도 다른 은행이 줄줄이 파산하지 않도록 어느 시점까지는 시민의 예금을 보장해주는 조치를 취해야 해. 이런 보장이 없다면 "경제가 뭔가 잘못되어간다."는 말을 듣자마자 예금자들은 돈을 찾으러 은행으로 달려갈 거야. 이때 은행이 모든 예금자에게 지급할 화폐를 충분히 갖고 있지 못하면 지불 능력이 없을 것이라는 투자자의 불안을 가중시키고, 그렇게 되면 붕괴에 이르지. 그러니까 계속해서 붕괴가 일어나는 위험을 막기 위해 은행은 예금을 보장해주어야 하는 의무를 지게 되는 거야.

이런 말을 자주 들었을 거야. "문제는 국가다." 그리고 이런 말도. "국가가 개인들을 가만히 내버려두고 간섭하지 않으면 일이 훨씬 더 잘 돌아간다." 말도 안 되는 이야기들이야. 국가가 어쩔 수 없이 예금을 보장하고 화폐 관리를 독점하게 된 유일한 이유는, 국가가 개입하지 않고 '개인들을 가만히 내버려둔' 시기에 차례로 붕괴가 일어났기 때문이지. 붕괴가 시작되어 주변에서 모든 것이 무너져내리자 국가가 '무언가를 해야 한다'고 요구한 이들은 바로 개인들이었어. 심지어 위기가 지나고 나면 이 개인들은 이런 끔찍한 일이 다시는 일어나지 않도록 은행가를 규제하라고 국가에 요구했지.

국가와 은행가의 관계

여기에 모순 하나가 있어. 국가는 한편으로 붕괴가 닥쳤을 때 은행이 문을 닫지 않도록 해야 하지만 다른 한편으로 국가는 현재에 생산할 수 있는 가치보다 더 많은 가치를 미래에서 가져오지 않도록 은행가의 손을 규제해야 해. 하지만 이 두 목표는 서로 갈등 관계에 서 있어.

　위기가 닥쳤을 때 국가가 서둘러서 은행을 구하려고 노력할 것임을 은행가가 안다면, 은행가가 불안해할 이유란 하나도 없겠지? 자기에게 이윤을 가져다줄 대출을 제한할 이유도 없을 거야. 호황기에 파산을 가져올지도 모를 대출을 늘리고자 하는 욕심을 억누르기 위해 국가가 은행가를 더 많이 규제할수록, 일반적이지도 않고 사회적으로 이해받기도 어렵지만, 규제를 피해갈 수 있는 우회로를 찾으려는 은행가의 동기는 더욱더 커져. 은행가는 심지어 (아마도 은행을 통제하고 규제하는) 국가 기관의 정책 결정자들에 대해 일반 시민들보다 더 큰 재정적 힘을 갖고 있기 때문에, 대개는 은행가가 우위를 차지하지.

국가는 원래 은행을 구해야 해(경제를 돌아가게 만드는 통화의 붕괴를 막고 시민의 예금도 지키려면 사실상 은행이 문을 닫아서는 안 되니까). 하지만 은행가를 구해야 하는 것은 아니야. 그러니 은행가들을 집으로 돌려보내고 은행을 개선한 다음, 국가가 직접 은행을 보유하려 들지 않는 이상 새로운 구매자에게 은행을 매각해야 해. 물론 이 구매자는 방금 자신이 (과도한 대출금을 얻어) 구매한 은행이 훗날 파산에 이르게 되면, 이 은행을 다시 잃을 수도 있다는 사실을 염두에 두어야 하겠지.

하지만 유감스럽게도 국가를 통치하는 정치인과 관료들은 대개 가난한 시민들에게서 거두어들인 돈으로 은행가까지 구해줘. 그 보답으로 은행가는 자기에게 유리하다고 생각되는 정치가를 선거에서 후원하지. 이런 상부상조 관계는 사회의 다른 분야에서 보면 마치 독약과도 같아.

이렇듯 야비하면서 무모하기까지 한 은행가는 국가가 자기에게 호의적이기 때문에 언제나 자기를 구해줄 것이라고 믿어. 물론 파산을 하고 난 다음 잠깐 동안은 조금 조심스러워질 거야. 그러나 국가가 자기를 구해준 뒤, 사정이 조금 나아지고 안정을 되찾고 나면 은행가는 현재가 생산하지도 못할 산처럼 많은 가치를 또다시 미래에서 현재로 끌어올 거야. 하지만 조금 전에 내가 한 말을 기억해둬. 안정은 불안정을 낳고, 시간의 균형은 은행가의 불균형한 결정에 의해 무너져버린다는 것을.

드라마의 유령, 국가 부채

우리가 사는 사회에서는 다음과 같은 놀라운 현상을 흔히 볼 수 있어. 살찐 암소의 시기, 이른바 풍요의 시기에는 기업가와 은행가가 국가에 대해 불만을 품으며 국가를 '성장의 걸림돌'이라며 비난해. 민간 경제로부터 직접적으로 또는 세금을 통해 피를 빨아먹는 '기생충'이라고 비난하는 거야.

이들은 사회 경제에 국가가 개입할 때마다 강력하게 저항하지. 왜 그럴까? 두 가지 이유가 있어.

첫째, 그동안 은행이 할 수 있었던 개인 대출을 국가가 제한하지 않을까 두렵기 때문이야(부채가 없이는 이윤도 없다는 말을 기억할 거야!).

둘째, 국립 병원, 학교, 예술과 문화, 빈곤 퇴치 등을 위해 국가가 지나치게 많은 사회적 지출을 하지 않기를 바라기 때문이야. 이를 위해서는 세금이 많이 필요한데, 부자인 자기들이 더 많은 세금을 내야 하니까 이것을 두려워하는 거지.

붕괴 그리고 흔히 붕괴에 뒤따르는 위기는 이러한 모습을 근본적으로 바꾸어놓아. 은행가를 지불 불능의 문턱으로 이끄는 연쇄 작용이 시작되면, 은행가와 기업가는 곧바로 국가에 도움을 요청하지. 이들의 시각에서 볼 때 이것은 논리적으로 당연한 거야. 이들은 어려운 순간에 사회가 자신들 편에 서주기를 바라지. 하지만 사정이 이렇게 돌아가면 이들은 자신들이 사회에 대해 의무를 지고 있다는 사실은 무시해버린단다. 심지어 이들 가운데 지적으로 유능한 자들은 '사회의 개념이 올바로 정의되지 않았다'는 것을 근거로 온갖 철학적 견해를 늘어놓지.

강자들의 수사학 저편에는 진실 또한 존재해. 그 진실은, 힘 있는 개인들이 점점 더 많은 잉여생산물을 끌어모으기 위해서는 국가가 필요하다는 거야. 국가가 은행 제도의 동요를 막기 위한 돈을 마련하지 못하면 시장사회는 크게 동요할 것이라고 이미 설명했잖아? 그런데 이것이 강자들의 이윤과 시장사회의 생존을 위해 국가가 꼭 있어야 하는 유일한 이유는 아니야. 수많은 다른 이유가 있어.

그 가운데 하나는 힘 있는 개인들은 국가 권력 없이는 절대로 부자가 될 수 없다는 거야. 영국에서 시장경제가 처음 생겨났을 때를 떠올려보자. 예속 농민이 선조들의 땅에서 쫓겨나면서 모든 것이 시작되었다고 했지? 지주들은 어떻게 예속 농민을 쉽게 쫓아낼 수 있었을까? 바로 국가 권력을 투입했기 때문이야. 실제로 국가, 곧 왕실은 군대를 보내 격분한 농민들을 쫓아냄으로써 지주들을 도와주었어. 한쪽에서는 소수가 부와 편안함 속에서 살고, 다른 한쪽에서는 실의에 빠진 다수가 맨체스터와 수도 런던에서조차 빈민굴에서 굶주림으로 고통 받고 있는 상황에서 국가는 어떻게 '사회의 평화'를 유지할 수 있었을까? 경찰과 군대의 위협적인 무기를 통해서였어. 간단히 말해 국가 권력 없이는 개인의 이윤과 시장경제는 전혀 가능하지 않았지.

국가가 힘 있는 개인들에게 선물로 안겨준 것은 국가 권력만이 아니었어. 국가는 훨씬 더 많은 것을 만들어주었지. 먼저, 운하를 만들어주었단다. 운하가 없었다면 전직 농민과, 이들이 공장에서 생산한 물건을 시장사회의 시장으로 보내는 길은 절대 찾을 수 없었을 거야. 게다가 국가는 병들고 고통 받는 실업자들의 비쩍 마른 영혼들을 몰아넣을 끔찍한 건물도 지어주었어. 그렇게 해서 실업자들이 길가에서 어슬렁거리고 다니지 않도록,

'훌륭한' 사회에서 불안감과 혐오스러움의 감정을 유발하지 않도록 했지. 산업혁명의 기적을 이루는 데 한몫을 담당했던, 전염병을 퇴치하기 위한 병원과 보건 계획도 만들어주었어. 그리고 고용주가 더 높은 교환가치를 실현하는 것을 도와주기 위해 미래의 노동자들에게 읽기와 쓰기를 가르치는 학교도 세워주었단다.

이 모든 국가의 '선물'은 시장경제를 안정화시켰고, 개인들, 특히 그 가운데서도 더 힘 있는 개인들이 부자가 될 수 있게 해준 거야. 부는 집단적으로(노동자, 발명가, 국가 공무원과 기업가에 의해) 생산되었지만 가장 힘 있는 개인들의 손에 집중되었어. 이들은 한편으로는 오로지 자기가 열심히 노력해서 부를 모은 것이라고 주장하며, 다른 한편으로는 세금을 통해 부를 '빼앗아 간다'고 국가를 원망했지.

강자들은 정부 최고위층에 강력한 영향력을 행사했기 때문에 (통제했다고는 절대 말하지 않지) 국가의 지출에 비해 세금은 늘 상대적으로 낮은 경향이 있었어. 부자들은 위에 열거한 것들을 모두 보장하라고 국가에 요구했지. 그러면서도 이 조치들을 실행할 수 있도록 세금을 낼 생각은 눈곱만큼도 하지 않았단다. 노동자들의 임금은 자기 자신과 아이들을 먹여 살리는 데 겨우 족할 정도였어. 그러니 어떻게 세금을 낼 수 있었겠어? 그래서 왜 국가가 구조적으로 수입보다 지출이 더 많을 수밖에 없었는지 그 이유를 알 수 있을 거야. 결과는 국가 부채였어.

수학적 관점에서 국가의 지출이 조세 수입보다 많아지면 국가는 재정 적자 상태에 놓이게 되지. 국가가 매년 1유로 적자를 내면 10년 뒤 10유로의 부채가 쌓이고, 거기다가 지불해야 할 이자까지 덧붙는단다. 그럼 국가는 돈을 어디에서 빌릴까? 개인들, 즉 은행가들로부터 빌려야 해. 이렇게 해서 우리는 다음과 같은 놀라운 상황에 직면하게 되지.

- 강자들은 국가에 재정적인 지원을 해주기 위한 세금을 낼 생각이 없다. 자기들이 힘을 갖고 그 힘을 유지하기 위해 필요한 일들을 하기 위해서다.
- 국가는 어쩔 수 없이 적자를 낼 수밖에 없고 그럼으로써 부채는 구조적으로 증가한다.
- 이렇게 해서 강자들, 특히 은행가들은 세금의 형태로는 국가에 내고 싶지 않았던 돈을 (이자를 받고) 국가에 빌려줌으로써 더욱 힘을 늘릴 기회를 얻는다.
- 붕괴가 닥쳐오면 국가는 서둘러서 나랏돈으로 은행가를 구한다. 이 돈의 일부는 국가의 중앙은행에서, 일부는 세금으로, 일부는 약자들의 추가 수당과 연금을 깎아서, 일부는 (보통은 외국의) 다른 강자들에게서 새로운 대출을 받아 만들어낸다.

강자들은 앞에서 말했듯이 국가를 비난하지만, 사람에게 간이나 콩팥이 필요한 것처럼 강자들에게는 국가가 반드시 있어야 했어. 시장사회 안에서 국가와 개인은 연통관*처럼 기능해. 힘 있는 개인들은 국가를 악마라고 비난하면서도 더욱더 국가에 매달려. 그러면서도 국가를 위해서는 아무것도 내놓으려고 하지 않지.

이런 사정을 조금 떨어져서 냉정하게 살펴보면 국가 부채는 확실히 경제를 안정시키는 역할을 한다는 것을 알 수 있어. 경제가 성장하는 호황기에는 국가가 개인들로부터 돈을 빌려서 상품에 대한 수요(성장)를 자극할 목적으로 이 돈을 지출하지. 국가에 돈을 빌려준 은행은 국가 부채를 자산 가치로 설정하고, 다른 은행에서 돈을 더 빌려와. 그러고는 이 돈을 기업가나 가계와 같은 다른 개인들에게 빌려주는 거야. 이런 식으로 계속되다가 붕괴가 닥쳐오면 국가는 재난을 멈출 수 있는 유일한 기관이 되지. 그 과정에서 중앙은행은 매우 중요한 역할을 해. 그리고 붕괴 이후에 위기의 시기가 다가오면 국가 부채를 늘리는 일이 치료 기능을 맡게 되지. 그렇게 해야 마비가 된 경제에 어느 정도 움직임을 가져올 수 있기 때문이야.

....

*두 개 이상의 용기 아래쪽을 관으로 이어 속에 든 액체가 자유롭게 이동할 수 있게 만든 관으로, 대표적인 것이 U자관이다. 연통관에 액체를 넣으면 관의 굵기나 모양에 관계없이 액면의 높이가 모두 같아진다.

시장경제에서 국가 부채의 의미와 국가 부채가 하는 역할을 설명할 때, 마지막으로 중요한 것은 국가 부채가 '경제 드라마의 유령'이라고 상상해보는 거야. 양심이 인간을 움직이게 하고 인간적으로, 다시 말해 로봇과는 근본적으로 다른 존재로 만들듯이, 국가 부채는 우리 주변에서 매일 벌어지는 경제 드라마의 무대 뒤에서 '유령'이나 '환영'처럼 작동한단다. 국가 부채의 중요한 기능은 중앙은행과 힘을 합쳐 시장사회를 안정화시키는 것이고, 강자들이 계속 힘을 갖도록 기회를 주는 것이며(이 과정에서 강자들은 국가와 국가 부채에 대해 욕을 하지), 붕괴와 그에 뒤따르는 위기의 충격을 억제하는 완충 장치로 작용하는 거야.

부채, 부, 국가

부채는 시장사회의 첫 번째 자원이야. 이 자원에서 무엇이 생산될까? 이윤이지. 시장사회에서는 잉여생산물이 이윤이라는 형태를 띠기 때문이야. 결국 이윤은 두 가지 종류로 변화해. 첫 번째는 새로운 기술(예를 들어 카본 프레임을 사용한 미칼리스 씨의 새로운 자전거)이나 일자리, 그리고 생산에 투자돼. 두 번째는 이윤을 차지한 사람들의 수중에서 부로 축적되지.

1만2000년 전 농업의 발견이 잉여생산물을 낳은 혁명이었지만 동시에 큰 불평등을 낳았듯이(1장을 보렴), 산업혁명의 틀 안에서 형성된 시장사회는 잉여생산물뿐만 아니라 불평등까지도 극도로 증가하게 만들었어(이에 대해서는 다음 장에서 좀 더 자세히 알아보도록 하자). 이와 동시에 현대 국가도 태어났어. 현대 국가는 어쩔 수 없이 질서를 유지하는 역할을 맡게 되었는데, 그 이유는 다음과 같아.

시장사회의 '기적'은 은행 제도의 마법에 의존하고 있어. 이 마법은 나방이 불빛에 이끌리듯 어쩔 수 없이 흑마법의 성격을 띠게 되지. 그 결과는 위협적인 붕괴와 경제 위기이며, 국가는 하는 수 없이 폭력적인 규모로 개입할 수밖에 없게 된단다. 이 개입의 성격은 다음과 같아.

- 전혀 중립적이지 않고 편파적인 개입
- 불평등을 더욱 심화시키는 개입
- 기업가와 사회 전체에 대해 은행가의 권력을 강화하는 개입
- 은행과 기업에 아무런 영향력도 행사할 수 없는 사람들, 생존을 위해 자기 노동 임금에만 매달리는(좀 더 정확히 말하자면 조금 운이 좋아 임금이라도 받을 수 있기를 바라는) 사람들의 사회적 힘을 약화시키는 개입

각 사회에는 그 사회 나름의 신화가 있어. 시장사회도 이 점에서는 예외가 아니지. 당시에는 네 가지 기본적인 신화가 있었어. 그 신화는 이러했지.

1. 개인의 부채는 나쁜 것이다. 성실한 사람들은 악마가 성수를 피하는 것처럼 부채를 멀리한다.
2. 은행은 예금자의 저축을 빌려준다.
3. 이윤은 먼저 개인들이 개인적으로 추구하는 것이다. 그다음에 국가가 나서서 약자를 위해 나누어주는 것이다.
4. 국가는 기생충이며 민간 부문, 즉 기업가의 잠재적인 적이다.

모든 신화가 그런 것처럼 이들 신화에도 약간의 진실은 담겨 있어. 하지만 이들 신화는 사실과는 거리가 멀어. 이들 신화 각각에 대해 전혀 다른 성질의 진실을 말할 수도 있다는 뜻이야.

1. 개인의 부채는 개인의 이윤을 위해 꼭 필요한 자원이다.
2. 개인의 부채는 붕괴와 위기로 이끈다. 은행이 신용을 무에서 만들어 내기 때문이다. 더 정확히 말해서 은행이 미래에서 현재로 더 많은 교환가치를 가져올수록 은행 자체는 더 많은 이윤을 얻기 때문이다.
3. 시장사회에서는 잉여생산물이 집단적으로 만들어지며, 사회적 강

자들이 국가의 도움을 받아 잉여생산물을 자기 것으로 만든다.

4. 은행은 속속들이 기생충과 같다. 민간 부문이 불러온 위기를 극복하는 과정에서 국가는 안정화시키는 데 필요한 역할을 함과 동시에 강자들이 강자들로 남을 수 있게 도움을 주기 때문이다.

5. 국가 부채가 없고 국가가 화폐를 독점하지 않았다면, 시장사회의 강자들은 그런 제도를 발명하라고 국가에 요구했을 것이다(강자들이 오늘날 국가 부채와 중앙은행을 비난하는 것은 자기들이 절대적으로 안전한 위치에 있기 때문이다!).

부조리한 연극의 구성 요소들

부채, 이윤, 부, 붕괴, 위기, 이것들은 모두 부조리 연극의 구성 요소들과 같아. 강자, 특히 은행가는 자기의 오만함 때문에 일어난 위기가 지나간 뒤에는, 정말로 어려운 사람들의 편에 서야 한다는 국가의 이념을 몹시 혐오스럽다고 거부한단다. 그리고 정확히 똑같은 무리들이 자기 스스로에게 문제가 생기면 이번에는 국가에 엄청난 거금이라는 영양 주사를 놓아달라고 요구하면서, 이것이 자기의 당연한 권리라고 생각하지.

이 부조리한 상황을 해결하는 방법은 복잡한 퍼즐이나 수수께끼를 푸는 것과 같아. 그러나 너의 이성의 빛을 비춘다면, 그리고 이것이 전 세계에서 벌어지는 보물찾기 같은 것이라고 본다면, 네가 충분히 해결할 수 있는 문제야. 해결의 열쇠는 도처에 흩어져 있어. 사람들이 절망적으로 손을 모아 꿈을 꾸며 뼈 빠지게 일을 하는 모든 구석진 곳에 말이야.

~~~~~~~~~~~~~~~~~~~~~~~

5장

유령처럼 떠도는
기계들

~~~~~~~~~~~~~~~~~~~~~~~

빵 한 조각을 얻기 위해

뼈 빠지게 일할 '권리'를 주는 일자리를 찾을 수 있을까, 하는

걱정이 과거 어느 때보다 더 많아졌어.

점점 더 빨리 돌아가지만 아무 데로도 데려가주지 않는

쳇바퀴 안의 햄스터처럼 우리는 달리고 있었어.

결국, 우리의 기계 노예가 우리를 위해 일하는 것이 아니라,

우리의 기계 노예를 유지하기 위해

우리가 일하는 것처럼 보였지.

빅터 프랑켄슈타인 박사 증후군

19세기의 어느 깜깜한 밤, 스위스의 외딴 산장에 메리 셸리와 몇몇 친구들이 모여 있었어. 그 가운데는 시인 바이런도 있었지. 사나운 날씨였어. 밤새 번개가 치고 비가 쏟아져서 산장에서는 기묘한 소리가 났지. 작가와 시인들은 깜박거리는 촛불 속에서 내기를 하기로 했어. 각자 무서운 이야기를 한 편씩 쓴 다음, 그 가운데 어느 것이 가장 소름끼치는 이야기인지 보자는 거야.

메리 셸리는 프랑켄슈타인 박사 이야기를 생각해냈어. 죽음이 도처에 숨어 있을 시기에 죽음을 극복하고자 하는 욕심을 지닌 유능한 의사 이야기였지. 당시에 사람들은 콜레라나 독감 그리고 질 낮은 영양 섭취 때문에 죽음을 맞이하고 있었단다. 정열적인 과학자 빅터 프랑켄슈타인은 시체를 가지고 실험을 했어. 상대적으로 잘 보존된 부위(기관, 머리, 팔 등)를 서로 이어 붙여서 새로운 육체를 만들어냈지. 그런 다음, 이 훌륭한 의사는 자기의 창조물에 생명을 불어넣기 위해 전기라는 마법적인 힘을 흘려보냈어.

프랑켄슈타인의 창조물이 갑자기 살아 움직이기 시작했지. 수술대에서 몸을 일으키더니 삶을 향해 걸음을 내딛었어. 똑바로 서더니 혼자서 걷고, 애정을 가져주기를 바랐어. 자기가 만들어낸 창조물을 보고, 빅터는 혐오감과 공포심에 사로잡혔지. 단번에 자기의 창조물(인간)을 사랑하게 된 프로메테우스와는 정반대였어. 빅터는 창조물을 내버려둔 채 도망쳐버렸어. 빅터가 만든 괴물은 적대적인 사회에 적응하지 못하고 많은 사람들을 죽이게 되지. 그 가운데는 빅터의 아내도 끼어 있었단다. 이렇게 함으로써 괴물은 자신이 버려진 데 대해, 그리고 자신의 창조주가 자기를 참기 어려운 외로움 속에 던져놓은 데 대해 복수를 한 거야. 결국 이 창조물은 자기를 없애려고 북극까지 쫓아온 자기의 창조주마저 죽이고 말지. 프랑켄슈타인은 인간성을 위협하는 존재를 만든 데 대해 죄의식을 느낀 거야.

내가 지금까지 한 경제 이야기가 이 이야기와 무슨 상관이 있을까? 상관이 아주 많이 있어. 메리 셸리가 이 이야기를 썼을 시기는 유럽에서 시장사회가 생겨나고 산업혁명이 시작(2장을 떠올려보렴)되었던 시기였으며, 몇 년 뒤 1821년에는 그리스 독립전쟁이 시작되었지. 노동과 토지를 상품으로 바꾸어놓은 교환가치의 승리가 노동의 기계화로 가는 길을 열었고, 생산은 점점 더 많이 기계에 의존하게 되었단다. 첫 번째로 등장한 것이 증기기관이었어. 왜? 3장에서 살펴보았듯이 먼저 이윤 자체가 목적이 되었기 때문이며, 초기 기업가들이 생산을 시작하기도 전에 생산을 준비한다며 부채를 향해 몸을 던졌기 때문이야. 이윤이 없었다면 기업가들은 메피스토 앞의 파우스트처럼 채권자의 노예가 되었을 거야.

이렇게 해서 기계 제작과 전기, 자기 등이 순수한 실제가치(새로운 지식의 발견과 산출에 따른 기쁨)를 넘어서 교환가치를 얻게 되었어. 과학과 탐구의 결과로 개별 노동자의 생산성을 올리고 비용을 절감하며 기업가가 존재할 수 있게 한 기계들을 제작할 수 있었지.

사회 전체적인 시각에서 볼 때, 우리 인간은 우리를 위해 불평 없이 일하고 우리로 하여금 더 나은 생활을 가능하게 하는 기계 노예를 얻기 시작했어. 우리는 원하지 않는 일을 하지 않아도 되는, 힘든 일이 없는 사회를 꿈꿀 수 있게 된 거야. 인간은 우주를 탐험하면서 철학적인 대화를 주고받으며, 벽에 뚫린 구멍에서 음식을 비롯해 사람에게 필요한 온갖 물건들(옷과 도구에서부터 악기,

보석까지)이 자동으로 나오는, 영화 〈스타트렉〉 속의 사회를 꿈꾸게 되었지.

그러나 우리의 창조물(공장과 들판, 사무실, 가게 등에서 볼 수 있는 기계들)은 가난과 굶주림, 불평등, 삶에 대한 불안감과 영혼을 죽이는 일을 하면서 보내야 하는 그 숱한 시간들을 없애주는 대신, 정반대의 현상을 가져온 것이 분명했어. 일하는 기계들은 믿을 수 없을 만큼 많은 양을 생산해냈지. 이렇게 해서 우리의 삶은 더 편해졌지만, 그 어느 때보다 스트레스는 더 심해지고 노동의 질은 더 나빠졌으며 불안감은 더 강해져갔단다. 빵 한 조각을 얻기 위해 뼈 빠지게 일할 '권리'를 주는 일자리를 찾을 수 있을까, 하는 걱정이 과거 어느 때보다 더 많아졌어. 점점 더 빨리 돌아가지만 아무 데로도 데려가주지 않는 쳇바퀴 안의 햄스터처럼 우리는 달리고 있었어. 결국, 우리의 기계 노예가 우리를 위해 일하는 것이 아니라, 우리의 기계 노예를 유지하기 위해 우리가 일하는 것처럼 보였지.

이렇게 보면 메리 셸리가 쓴 소설의 주제는 정확히 이것이었어. 메리 셸리는 이 소설이 우리 인간에게 경고하는 하나의 비유가 되기를 바랐어. 조심하지 않으면 기술은 인류의 봉사자가 아니라 인류를 노예로 만들고 해치며 심지어 목숨까지 앗아가는 괴물을 만들어낼 수 있다는 거야. 이 괴물은 시체에 생명을 불어 넣은 프랑켄슈타인 박사의 작품처럼 인간 영혼의 위대한 업적이었으나, 자기 자신의 창조주에 맞서는 비극적인 결과를 낳은 업적이었단다.

다큐멘터리로서의 〈매트릭스〉

문학과 영화가 자기 자신의 창조물에 대한 인간의 공포를 다루는 것은 우연이 아니야. 그림 형제의 동화 〈달콤한 죽〉과 괴테의 〈마법사의 제자〉가 그러하고, 물론 〈블레이드 러너〉와 〈터미네이터〉 같은 영화도 좋은 예들이지.

그런데 사람을 해방시키는 대신 노예로 만드는 기술을 투입하는 시장사회의 위험을 비유적으로 다루고 있다는 점에서 메리 셸리가 쓴 《프랑켄슈타인》의 후계자라고 할 만한 SF 영화가 있어. 래리 워쇼스키와 앤디 워쇼스키*의 〈매트릭스〉 3부작 가운데 특히 1999년에 개봉한 1부가 그거야.

〈매트릭스〉에서 창조물의 반란은 단순히 '창조주 살해'의 또한 가지 사례를 보여주는 데 그치지 않아. 여기에서는 생존에 대

* 〈매트릭스〉 제작 당시의 이름이다. 지금은 둘 다 여성으로 성전환을 해서 이름이 각각 라나와 릴리로 바뀌었다.

한 순전한 불안감 때문에 인간을 공격하는 시체 조각으로 만들어진 프랑켄슈타인의 괴물이나, 지구에 대한 미래의 지배권을 지키기 위해 인류를 제거하고자 하는 〈터미네이터〉의 기계와는 전혀 다른 것을 볼 수 있어. 〈매트릭스〉는 기계가 이미 인간으로부터 지배권을 넘겨받고, 인간은 완전한 패배와 복종 이후 겨우 생물 발전기로서만 목숨을 부지하는 사회를 다루고 있지.

무슨 일이 있었던 것일까? 에너지원(석유, 석탄, 천연가스)을 모두 써버린 인류는 동족 전쟁을 시작했어. 마침내 핵폭탄이 투하되어 도시는 파괴되고 지구는 두꺼운 먹구름으로 덮이지. 이 구름 때문에 태양 에너지는 조금도 지표면에 도달하지 못하게 됐어.

인류가 창조한 기계는 그사이에 자체 지능을 개발해서 인류는 자기가 살고 있는 생명체(지구)를 파괴하는 멍청한 바이러스 같은 존재라는 결론에 도달했지. 그래서 기계는 세계에 대한 지배권을 넘겨받기로 결정해. 그러나 기계를 움직일 에너지원이 사라졌기 때문에 기계는 인간을 노예로 삼고, 발전기로 만들어버려. 어떻게? 사람의 육체를 캡슐에 넣고 마치 식물처럼 기른 다음, 체열을 발전소로 보내 기계 사회를 움직이는 거야.

노예가 된 인간은 고립과 완전한 구속을 정신적으로 극복하지 못해. 인간의 육체는 말라가고 기계 경제에는 에너지 위기가 닥쳐오지. 그래서 기계는 매트릭스를 만들어낸단다. 매트릭스란 노

예가 된 인간의 뇌에 박힌 케이블망을 통해 투영되는 가상현실
이야. 이 가상현실은 인간으로 하여금 자신이 처한 완전한 노동
과 착취의 상황을 인식할 수 없게 만들어. 육체가 기계 사회를 위
해 영혼 없는 발전기로 기능하는 동안, 기계는 삶이 매력적이고
인간적이라는 환상을 인간에게 심어주지.

　소설《프랑켄슈타인》처럼 워쇼스키 형제는 상상을 통한 SF 형
태로 미래 사회를 매트릭스에 비유했어. 소설과 마찬가지로 영화
또한 어떤 시각에서 보면 하나의 기록, 즉 다큐멘터리로 볼 수도
있지. 미래에 대한 불안감을 표현한 것이 아니라 현재를 모사한
것으로 볼 수도 있다는 뜻이야. 1936년에 만들어진 찰리 채플린
의 영화 〈모던 타임스〉를 보면 내가 무슨 말을 하는지 알 수 있
을 거야. 산업혁명 이후, 다시 말해 기계가 적극적으로 생산에 투
입되기 시작한 이후, 사람들은 두 가지 가능성 가운데 하나를 선
택해야 했어. 생산의 기계화를 필연적인 것으로 받아들이고 스
스로 기계와 생산망, 생산조건의 부속물이 되거나, 노동시장에서
자기가 팔리기를 기대하지 않거나 둘 중 하나를 택해야 했단다.

　이 과정에서 피고용자만 기계의 부속물로 바뀐 것은 아니야.
고용주인 기업가 또한 어려운 선택에 직면했어. 피고용자가 정신
의 상업화와 육체의 기계화에 맞서서 저항할 때마다 그것을 억
눌러야 할지, 아니면 경쟁자들이 인건비를 낮춰 상품 가격을 내

림으로써 고객을 빼앗아 가는 걸 방관하며 스스로 파멸의 길로 들어설지 선택해야 했거든. 피고용자든 고용주든 우리는 그저 우리 창조물의 노예가 될 수밖에 없었어. 마치 〈매트릭스〉의 발전기처럼!

19세기의 유명한 혁명가로, 메리 셸리가 쓴《프랑켄슈타인》의 영향을 받았던 카를 마르크스는 생산 기계를 '우리가 굴복할 수밖에 없는 힘'이라고 정의했어. 〈매트릭스〉는 이 정의의 극단적인 양상을 보여주지. 피고용자뿐 아니라 고용주 또한 자신이 만들어낸 기계에 복종하고 봉사하는 인간이 되고 만 거야.

이제 왜 〈매트릭스〉를 그저 음울한 미래를 그린 SF로 보는 대신 한 편의 다큐멘터리 영화로 여기고 그 속에서 현재의 모습을 찾아내는 것이 흥미롭다고 했는지 이해가 갈 거야.

교환가치의 비밀

《프랑켄슈타인》과 〈매트릭스〉라는 SF 장르의 이야기를 소개한 까닭은, 이들 이야기를 통해 미래의 일보다는 오히려 현재 우리 주위에서 벌어지는 일에 대해 더 많이 깨달을 수 있기 때문이야. 우리 주위에는 시장사회 안에 살면서 시장사회를 불안정하게 만드는 유령이 있어. 이 유령은 바로 인간의 노동력이란다.

인간의 노동력이 시장사회 안에서 유령처럼 돌아다니며 시장사회를 불안정하게 만든다는 거지. 이런 이상한 이야기를 왜 할까? 이해하기 쉽게 간단한 질문 하나를 해볼게. 영화 줄거리를 보면 〈매트릭스〉에서 지구를 정복하고 인간의 육체를 발전기로 사용하는 기계는 명백히 자기만의 고유하고 복잡한 경제 구조를 만들어냈어. 이것은 〈매트릭스〉 3부작이 차례로 상영되면서 나타나는 다음 요소들로 분명해지지.

새로운 기계는 낡은 기계로 만들어져. 다른 기계들은 기계의 부속물과 교체 부품을 만들기 위한 원료를 생산해. 기계는 점점 더 좋아지지(이것은 특수한 기계들이 기술의 발전과 최적화를 위해 일한다는 것을 뜻해). 한 기계 부대가 매트릭스의 (인간 노예의 머릿속에 투영되는) 가상현실을 담당하고, 진짜 기계 부대는 시스템에서 탈출해 시스템에 저항하는 얼마 안 되는 인간들을 사냥하고 이 인간들을 제거하려 하지.

기계가 교환가치를 만들어낼까?

그런데 이 기계 경제가 시장사회에 적합하다고 할 수 있을까? 기계가 교환가치를 만들어낼까? 이것이 앞에서 언급했던 간단한 질문이야. 예상했겠지만, 그 답은 우리가 사회와 교환가치를 어떻게 정의하느냐 그리고 특히 우리가 가치라는 개념과 기능이라는 개념을 어떻게 구별하느냐에 따라 달라.

오래된 기계식 시계를 예로 들어보자. 기계식 시계는 정확한 시간을 '생산하기' 위해 아주 작은 바늘과 톱니바퀴들이 제각기 또는 서로 힘을 합쳐 기능해. 한 부품이 다른 부품들과 서로 보완해가면서 기능하는 것은 마치 하나의 생명체를 연상하게 하지. 그렇지만 이것들을 하나의 사회라고 말할 수 있을까? 이들이 가치를 생산할까? 기계식 시계가 익숙하지 않다면 이번에는 컴퓨터를 예로 들어보자. 컴퓨터를 기능하게 하는 복잡한 소프트웨어 덕분에 우리는 내킬 때마다 유튜브 동영상을 볼 수도 있고 다른 기구들을 동작하게 할 수도 있어. 그러나 컴퓨터가 인간 사용자인 우리와는 독립적인 가치를 생산할 수 있을까?

기계식 시계나 컴퓨터를 보면 기계라는 것이 무척 복잡한 기능을 한다는 사실을 알 수 있어. 그러나 이 기계에서 사회나 시장 또는 시장사회라고 부를 만한 것을 발견할 수는 없어. 인간적인 요소가 없는 기계 장치 내부에서는 교환가치라는 개념이 아무런 의미가 없기 때문이야.

시계 제조공이 자기가 만들고자 하는 시계의 톱니바퀴와 바늘에 대해 이야기하고 있다면 그것은 기능에 대해 이야기하는 거야. 컴퓨터 전문가들이 완전 자동 시스템에 대해 이야기를 나누며 마이크로프로세서의 성능을 묘사하는 데 가치라는 개념은 끌어들일 이유가 없지. 이들 또한 기능, 입력과 출력 등등에 대해 이야기를 해. 그러나 지금 다루고 있는 기계의 다른 부품과 관련지어 바늘 하나 또는 마이크로프로세서 하나의 상대적 교환가치에 대해 이야기한다면 매우 엉뚱한 일이 될 거야.

이런 이야기를 바탕으로 나는 단순한 결론을 내리려고 해. 인간이 등장하지 않는 체제 내부에서, 특히 기능이라는 일상적인 개념이 더 적절할 때는 교환가치라는 난해한 개념을 끌어들일 이유가 없어.

정확히 같은 이유에서 컴퓨터망이나 기계 시스템 또는 생명체를 사회라는 개념과 혼동하는 것도 어리석은 일이야. 인간이 없는 세계(또는 〈매트릭스〉처럼 인간이 자기 두뇌에 대한 통제력을 완전히 잃어버린 세계)와 사회, 시장, 교환가치 같은 개념들은 전혀 어울리지 않거든.

간단히 말해 교환가치를 의미 있는 개념으로 만드는 교환가치의 비밀은 인간이라는 요소야. 자기 인식을 할 줄 아는 진정으로 자유로운 인간의 의지가 바로 그것이지.

그런데 자유로운 의지를 지닌 인간은 고도로 발전된 로봇과 어떤 점에서 다를까? 〈매트릭스〉의 기계 사회는 인간 사회와 어떤 점에서 다를까? 경제적인 측면에서 보아 교환가치와 교환가치를 표현하는 가격(유로, 달러, 엔)은 어떻게 등장하게 되었을까?

무엇이 우리를 인간으로 만드는가?

리들리 스콧의 영화 〈블레이드 러너〉에서 주인공 릭 데커드는 공사장 등에서 중노동을 하다 주인에게서 도망친 사람 모습의 로봇(리플리컨트)을 찾아내는 어려운 임무를 맡아. 릭은 특별한 총을 쏘아 리플리컨트를 제거해야 해. 이미 로봇 공학이 너무나 발달해 있어서 리플리컨트와 진짜 인간을 구별하는 일은 몹시 어려워. 가장 발전된 최신 시리즈 리플리컨트는 심지어 감정과 자유를 향한 열망까지 가지고 있지. 이 때문에 릭의 임무는…… 비인간적인 것이 되고 말아.

결국 〈블레이드 러너〉에서 문제가 되는 것은 인간에 대한 정의야. 신체 어느 부위가 기계 부품으로 대체되면 더는 인간으로 간주되지 못할까? 장애인이나 선천적으로 못 듣는 사람이 인공 다리나 인공 귀를 달아 인공적인 부위를 몇 가지 갖게 되었다고 해도 그 사람은 여전히 인간이야. 우리가 신체 기관을 하나씩 차례대로 교체한다고 가정해보자. 인공 심장, 인공 허파, 인공 다리, 인공 간, 인공 신장, 그래도 여전히 인간이라고 할 수 있을까? 물론 인간이라고 할 수 있지. 그럼 뇌로 넘어가면 어떻게 될까? 예를 들어 파킨슨병에 걸린 사람의 뇌 속에서 세심하게 고른 자리에 마이크로칩을 심었다면? 그래도 이 사람은 여전히 인간일 거야.

간단히 말해 영화 〈블레이드 러너〉처럼, 언젠가는 사람을 사람 모습의 리플리컨트나 안드로이드로 변화시키는 그 무언가를 우리는 우리 몸에 이식할 거야. 이런 리플리컨트 사회는 인간 사회보다 매트릭스를 더 생각나게 할 거야. 이런 사회는 더는 교환가치를 만들어내지 않고 마치 컴퓨터망처럼 기능할 테지. 거대한 도시들은 건설하겠지만 교환가치는 더는 만들어내지 않으니까 시장사회라고 간주되지도 못할 거야. 이 도시들은 사회라기보다는 벌집을 연상하게 할 것이며 거주자들도 시민이라기보다 벌에 가까울 거야.

대체하는 순간 인간이 아니라 안드로이드로 간주되는 이 부위가 어디인지 정확히 정의할 수 없을지도 몰라. 그러나 우리를 인간으로 만드는 이 '무언가'가 무엇인지 정의하는 것도 전혀 쓸모없는 일이야. 그런 것이 존재한다는 것, 그리고 그런 것 없이는 교환가치 또는 시장사회라는 개념은 생각할 수 없다는 것을 아는 것만으로 충분하지.

상업화에 맞서는 인간 노동의 저항

노동자들이 한 무리의 안드로이드라면 어떨까? 이것이 모든 고용주, 모든 기업가의 꿈일 거야. 이런 노동자들은 육체노동을 할 뿐만 아니라 건축가로서, 다른 기계의 설계자로서, 발명가로서 밤낮없이 일하겠지. 요구 사항(사용 설명서에 나와 있는 정기 점검, 오일 교환, 에너지 등등의 기술적인 필요 사항들)도 없고, 정신적 문제도 없으며, 휴가를 달라고 요구하지도 않고, 회사 경영에 대해 간섭하지도 않고, 노동조합에 참여하고자 하는 마음도 전혀 없는 노동자들일 거야.

그러나 모든 기업가들이 바라 마지않는 이러한 꿈이 실현된다면 시장사회는 몰락하고 말 거야. 우리가 확인했듯이 인간이라는 생산요소가 없다면 교환가치도 없거든. 실제로 전체 생산이 안드로이드의 노동으로 이루어진다면 생산된 제품은 교환가치를 갖지 못해. 제품은 가격과 교환가치가 0에 가까워질 때까지 무한정 생산될 거야.

〈매트릭스〉의 기계 사회에서 또는 컴퓨터 내부에서는 엄청난 양의 생산이 이루어지고 수백만 가지의 기능이 발휘되지. 하지만 가격이나 교환가치는 얻을 수 없어. 얼마 안 있어 그러한 기술적인 혁명은 인간 사회의 종말이 아니라 아마도 교환가치의 소멸로 끝날 거야. 기계가 생산을 담당하고 인간은 우주를 탐험하며 삶의 의미에 대해 논하는 〈스타트렉〉처럼.

가치가 생산되려면 인간이 개입해야 한다는 내 생각이 옳다면, 우리는 오늘날 시장사회의 토대 아래에 깊이 잠들어 있는 흥미로운 모순을 발견할 수 있어. 한편으로는 우리 모두가 바라는 대로 엄청난 양의 제품을 생산하는 대기업들은 생산비를 낮추기 위해 생산 절차를 기계화하려고 노력해. 고도로 현대화된 자동차 공장이나 컴퓨터 공장에 가보면 수많은 로봇이 일을 하고 있고 겨우 몇 사람만이 그 로봇을 조종하고 있지. 그런데 다른 한편으로는 노동자를 로봇으로 대체하고 노동자들을 기계처럼 일하게 만드는 데 기업이 성공하면 성공할수록 제품의 가치는 어지러울 정도로 하락한단다.

그래서 대기업이 인간의 노동력을 기계로 대체하고 인간의 노동력이 기계 장치처럼 기능하도록 더 잘 훈련시킬수록 우리 사회가 생산하는 제품의 가치는 더 많이 떨어지고, 기업의 이윤 또한 더욱더 적어지지.

내가 방금 이야기한 모든 기업가의 꿈이란 정확히 이런 뜻이야. 꿈이 모든 기업가에게 현실이 되면 그 꿈은 악몽으로 변해. 영국인들이 말하는 그대로지. 네가 가장 간절히 바라는 소원을 들어주는 신을 두려워하라!

경제와는 별 상관도 없어 보이는《프랑켄슈타인》〈매트릭스〉〈블레이드 러너〉와 같은 SF 걸작들로 이야기를 시작한 까닭이 무엇인지 이해할 수 있는 지점에 이제 도달했어. 사실 이 작품들은 경제, 특히 시장사회에 닥치는 위기와 아주 많은 관계가 있단다. 이 위기는 다음과 같이 설명할 수 있어.

강력한 경쟁 압력 때문에 대기업들은 노동자들을 점점 더 많이 생산 기계로 만드는 노동 과정 속으로 몰아넣을 수밖에 없어. 노동자를 고용하는 일은 그렇게 해서 발전기를 빌리거나 안드로이드를 사는 일과 점점 더 비슷해지지. 그러나 이 일은 아무리 노력해도 성공할 수 없어. 인간이란 요소는 아무리 원한다고 해도 자기 성향을 버리지 못하기 때문이야. 인간은 (발명의 재능으로 또는 반대로 자기 파괴 경향으로) 스스로를 놀라게 하며, 반항하며, 예측할 수 없는 행동을 하며(발전기라면 절대 하지 않을 행동), 자기에게 '프로그램된' 것을 넘어설 수 있는 성향이 있거든(안드로이드라면 절대 이해하지 못할 방식이지).

역설적인 것은 기업이 노동자의 저항을 분쇄하여 노동자를 말

잘 듣는 안드로이드로 바꾸는 데 실패해야 결국에는 시장사회가 구원을 받는다는 거야. 왜일까? 기업의 의도가 성공할 경우에는 교환가치, 가격 그리고 기업가의 이윤이 소멸하고 시장사회의 토대, 즉 이윤이 산산이 무너지게 되거든.

⟨블레이드 러너⟩의 마지막 장면이 갖는 의미가 이거야. 릭 데커드는 감정을 갖게 된 리플리컨트 가운데 하나와 사랑에 빠지고 (그녀를 제거하는 대신) 그녀와 함께 도망쳐서 더는 창조물을 쫓지 않아. 이 길은 명백히 오늘날의 노동자가 가는 방향과는 정반대의 방향으로 나 있어. 오늘날의 노동자는 안드로이드로 변하는 데 저항해야 하지만, ⟨블레이드 러너⟩의 리플리컨트는 자기의 기계적 본성을 극복하고 인간이 되는 데 이미 성공했어. 이것은 기술이 ⟨매트릭스⟩처럼 반드시 음울한 시나리오로 이끌지 않고 ⟨스타트렉⟩처럼 유토피아적으로 끝날 수도 있다는 희망을 갖게 하지.

매트릭스에 맞서는 인간 시장사회의 저항

앞장에서 시간의 경계선에 대해 그리고 은행가들이 어떻게 그 경계선을 넘어 미래에서 현재로 가치를 운반해오는지, 어떻게 많은 부채를 만들어내는지에 대해 이야기했지? 부채는 많은 잉여생산물, 뛰어난 기술, 막대한 부 그리고 시장사회의 엄청난 불평등을 낳는 전제 조건이며, 피할 수 없는 위기를 반드시 가져와. 왜냐하면 은행가는 점점 더 큰 가치, 어느 시점부터는 현재가 더는 갚을 수 없을 만큼 큰 가치를 미래로부터 끌어오기 때문이며, 이런 일을 과도하게 할 수밖에 없는 동기를 갖고 있기 때문이야.

우리는 붕괴라는 복수의 여신이 따라다니는 은행가의 오만함 옆에서 위기의 두 번째 원인을 발견했어. 바로 생산과정을 기계화하려는 기업의 경향이야. 기업의 이런 경향은 한때 엄청난 호황을 시장사회에 선물했지. 기업의 리더가 비용을 절감하고 생산량을 늘리기 위해서 노력하고, 이 목적을 달성하기 위해 새로운 증기기관(19세기)이나 새로운 로봇 시스템(현재)을 주문한다면, 그는 이것으로 자기도 모르게 긍정적인 연쇄 반응을 일으키는 셈이야.

기계를 생산하는 회사는 계약을 이행하기 위해 새로운 노동자를 고용하지. 이 노동자는 일해서 얻은 수입으로 집과 자동차를 사고 식당에 가서 밥을 먹어. 자동차 공장과 노동자, 식당 모두 이렇게 해서 수입이 많아져. 이런 과정이 한동안 계속되지. 자동차가 말을 대체했을 때를 예로 들면, 기술의 진보는 일자리를 없애는 결과를 가져오지만(자동차가 말을 대체하자 편자공, 마구간 주인, 마차 제작자 등의 일자리가 없어졌지) 대신 다른 노동 분야(도로 건설, 주유소, 자동차 공장)에서 훨씬 더 많은 일자리를 새로 만들어내지. 서로 경쟁하는 기업과 기술 발전이 힘을 모아 긍정적인 순환을 일으키고 새롭고 웅장한 기계가 창조되는 거야.

그러나 긍정적인 순환이 이루어짐과 동시에 위기의 싹도 돋기 시작해. 인간이 만들어낸 기계 노예가 우리에게 필요한 물건들을 생산하고, 이와 동시에 노동하는 인간들을 위한 일자리도 더 많이 생기게 하자마자 위기의 유령은 우리도 모르는 사이에 우리 사회의 머리 위를 떠돌기 시작하지. 생산과정이 점점 기계화되면 우리 사회는 기계가 제품을 생산하고 다른 기계 또한 생산하는 〈매트릭스〉 사회와 비슷해지기 때문이야. 이런 사회에서는 기계가 알아서 무엇이든 다 해. 그러면 인간은 있을 필요가 없어지겠지.

〈매트릭스〉의 '경제'에 대해 무엇이라고 말했지? 기계들은 믿을 수 없을 만큼 많은 양을 생산하고 놀라운 도시들을 건설하지만 단 하나, 교환가치만은 생산하지 못해. 생산이 더 많이 기계화될수록, 〈매트릭스〉의 기계 사회에 더 많이 가까워질수록, 교환가치는 더욱더 0에 가까워지지. 이것이 네가 올해 선물로 받은 아이폰이 내가 5년 전 싱가포르 공항에서 사준 첫 번째 아이폰보다 훨씬 더 싼 이유이기도 하단다. 새 아이폰에는 인간의 노동력이 아주 조금 들어갔고 대부분 로봇이 만든 것이거든.

생산의 기계화가 교환가치를 많이 떨어뜨릴수록 가격은 더욱 급격하게 떨어지지. 생산 단위당, 예를 들어 아이폰 한 개당 기업가가 얻는 이윤도 더 많이 줄어들어. 언젠가 약소 기업의 이윤은 마이너스로 곤두박질칠 것이고, 그때는 부채로도 더는 어떻게 해볼 수가 없게 될 거야.

이렇게 해서 기업은 문을 닫고 노동자는 떠나게 된단다. 노동자들은 지출을 줄이고 이렇게 되면 다른 기업들의 수입도 줄어들지. 기업들 가운데 영세한 곳들은 문을 닫을 수밖에 없게 돼. 다시 노동자들이 기업을 떠나고 이렇게 해서 파산과 실업, 불경기로 이어지는 연쇄 반응이 시작된단다.

위기의 먹구름이 지평선 위로 떠오르면 기업가들은 곧바로 패닉에 빠지지. 기업가들은 우선 새 기계들에 대한 주문을 취소해. 위기가 다가오고 있다는 것을 알고, 자기 제품에 대한 수요가 줄어들리라는 것을 미리 예상했으며, 자기들이 주문한 새 기계들이 작동을 멈추고 먼지가 앉게 될 것이라고 예상했기 때문이지. 그리고 새 기계를 사기 위해서 대출 받은 돈을 정기적으로 갚아나가야 한다는 것을 알기 때문이야. 그런데 여기에서 주문을 취소하는 것이 합당한 일일까?

다가오는 위기 때문에 주문을 취소하게 되면 두 가지 결과가 생겨나.

첫째, 위기가 더 빨라지고 더 확산되지. 기계 제작자들 또한 노동자를 내보내고 하청업자들에게 했던 주문을 취소하기 때문이야.

둘째, 시장사회가 〈매트릭스〉 같은 기계 사회로 급속하게 발전하는 데 제동이 걸려. 경제 위기보다 더 효과적으로 한 사회의 기계화를 막을 수 있는 것은 없기 때문이야.

그것은 마치 시장사회가 생산에서 인간적인 요소를 제거하기 직전, 인류에 대한 매트릭스의 최종적인 승리를 막는 강력하고 고통스러운 경련을 겪는 것과 마찬가지지.

경기 회복이냐 경기 침체냐

위기가 닥치면 무슨 일이 일어날까?

긍정적일 경우, 경기는 스스로 회복돼. 사회의 기계화가 후퇴하기 때문이야. 위기와 전반적인 절망의 최저점에서는 일자리를 찾는 사람들이 푼돈을 받으면서도 일할 각오를 하게 되거든. 그래서 갑자기 기계의 노동력보다 인간의 노동력이 더 값이 싸져. 많은 회사들이 문을 닫아야 하기 때문에 창고 대방출이라는 이름으로 많은 기계들이 헐값으로 시장에 쏟아지고, 거저나 다름없는 가격에 건물이 팔리지. 많은 회사들이 더는 안 돌아가니까 경쟁이 매우 약해져. 게다가 경제 위기의 폭풍 속에서 살아남은 회사들은 많은 경쟁자들이 파산했기 때문에 더는 경쟁할 상대가 없다는 것도 알게 돼. 몇몇 살아남은 기업들이 달려들 자기 분야의 파이의 크기가 과거보다 작아지고 사회의 일반적인 잉여생산물 또한 적어졌지만 줄어든 비용 때문에 더 큰 파이 조각이 자기 몫으로 떨어지지.

이것이 시장사회의 또 다른 큰 역설이야. 일반적인 상황이 나쁘고 더 많은 기업이 파산할수록, 살아남은 회사들이 챙길 수 있는 잠재적 이윤은 더 빨리 늘어나지. "너의 죽음은 나의 삶이다."라는 말은 이런 맥락에서 "너의 파멸은 나의 이윤이다."라고 응용될 수도 있겠지. 더 거칠게 표현하자면 이러한 커다란 역설은 다음과 같은 점에 있단다. 성장과 번영의 시기에 시장사회가 매트릭스 사회를 향해 나아가면 잠재적 이윤은 줄어드는 경향이 있어. 거꾸로 위기의 시기에 살아남은 기업들의 이윤은 언젠가부터 다시 성장하기 시작해(물론 당장은 아니지).

한편으로는 주위에 위기의 파편들이 가득 쌓여 있고, 다른 한편으로는 이윤이 많아지고, 실업자들은 일자리를 달라고 구걸하고, 10분의 1 가격에 기계를 살 수 있고, 경쟁도 없다면, 기업가는 어떻게 행동할까? 두말할 나위도 없이 이렇게 생각할 거야.

"내가 이 재앙을 이용한다면 내 분야에서는 오래오래 우월한 위치를 차지할 수 있겠어." 이 기업가는 이 생각을 어떻게 실현할 수 있을까? 기업가는 멈추어 서 있는 기계들을 많이 사고, 실직자를 고용하겠지. 더 일반적으로 말해 어떤 경쟁 회사도 감히 다시는 이 분야에 진출하지 못하도록 생산량을 늘리고 이 분야를 지배하는 등 할 수 있는 일이란 일은 모두 해서 자신의 우월적인 지위를 공고히 할 거야.

이것이 긍정적인 시나리오야. 시나리오가 시작되어 충분한 수의 사업가들이 적절히 보조를 맞추면서 많은 경제 영역에서 동시에 일을 하게 되면 전체 수입이 늘고 경제는 다시 제자리를 찾으며 점차 회복이 이루어져. 그러나 나쁜 경우도 있어. 이것은 부정적인 시나리오지.

부정적인 시나리오는 위기가 오기도 전에, 매트릭스와 함께 붕괴되는 데 맞서서 사회가 '경련'을 일으키기도 전에, 은행가의 오만함이 전체 사회(개인과 국가)를 부채 속으로 깊이 빠뜨림으로써 시작돼. 우리가 이미 살펴보았듯이, 은행 제도가 미래에서 끌어온 가치를 현재가 미래에 갚지 못하는 데 모든 위기의 원인이 있잖아? 현재가 미래에 진 빚을 갚을 수 없다면 출구는 하나뿐이야. 부채 갚기를 포기하고 지급 거부를 선언하는 거지.

한 사람이 다른 사람에게 진 부채를, 현재가 미래에 진 부채를 갚지 않는 것이 올바르고 정당한 일인가, 하는 것은 도덕적 문제가 아니라 실제적 문제야. 채무자가 파산을 해버리면 부채를 갚는다는 것은 절대로 기대할 수 없는 일이거든. 그것으로 끝이고 마지막이야.

물론 은행가는 이러한 불쾌한 현실을 받아들이지 못하지. 은행가는 개인, 기업, 국가가 자기에게 진 부채를 갚도록 하기 위해 모든 수단을 다 동원해. 연줄이란 연줄은 다 당겨서 정치인들에게 영향력을 행사하겠지. 이들 모두에게 대출을 해주기 위해 은행가 자신이 지나치게 많은 양의 가치를 미래에서 가져왔고, 그래서 언젠가는 미래에 갚을 수 없게 될 가치를 현재로 끌어온 데 대한 책임이 자기에게 있는데도 그런단 말이야. 미래에서 빌린 돈을 우리 사회가 언젠가는 갚을 수 있는 것처럼 행동해야 한다는 점이 은행가에게는 몹시 중요해. 이 부분이 아주 중요한 대목이니까 주의해서 들어야 해.

은행가가 지급 약속을 받아냈다면, 어떤 조건에서든 절대로 갚을 수 없는 부채인데도 은행 장부에 그 부채는 마치 받을 수 있는 것처럼 기록되겠지. 이렇게 되면 위기에서 살아남은 기업들은 아무리 원한다 해도 사람을 새로 고용할 수도 없고 투자를 할 수도 없어. 왜냐고? 여기에는 세 가지 이유가 있단다.

1. 은행이 이들에게 더는 돈을 빌려주지 않아. 은행 자체가 실재하지도 않는 자산가치, 즉 결코 돌려받지 못할 공적 또는 개인적 부채에 의존하고 있기 때문이야.

2. 살아남은 회사들은 이미 매우 많은 부채를 지고 있으며 그래서 더는 돈을 빌릴 엄두를 내지 못해. 수입이 조금 많아졌다 하더라도 소비를 줄여야 하는 부채 많은 가계도 이와 마찬가지지.

3. 국가 또한 자금 부족과 부채에 시달리지만 은행 문이 닫히지 않도록 은행을 지원해야 해. 그래서 국가는 이미 상처투성이인 기업과 빚을 안고 있는 가계에 (은행을 위해) 세금을 물려. 이렇게 함으로써 기업가의 투자와 개인의 소비는 위축된단다.

이것이 왜 부정적인 시나리오인지 이제 알 수 있을 거야. 이런 경우 살아남은 기업의 이윤이 점차 증가하더라도, 은행이 여전히 사회(그리고 정치가)에 영향력을 행사하기 때문에 경기 회복을 방해할 수도 있고 시장사회를 지속적인 경기 후퇴의 늪에 처박혀 있게 할 수도 있어.

사회가 이에 맞서고 부채 탕감을 위해 국가가 적절히 개입해 달라고 요구할 때만 이런 상황이 개선될 수 있지. 오직 이렇게 해서만 스모그가 낀 것 같은 흐릿한 부채 환경은 깨끗해지고 회복의 과정이 시작될 수 있단다.

물론 전쟁이라는 더 나쁜 경우도 있어. 전쟁은 정치가들로 하여금 부채 지급을 거절하도록 강요하고 (수천 명의 사람들과 함께) 기계와 건물을 파괴해버려. 전쟁은 이처럼 손바닥 뒤집듯이 아주 쉽게 위기를 없애버린단다.

노예냐 주인이냐

인간은 도구를 만들어 씀으로써 문명화되었어. 기계는 좀 더 높은 단계의 도구이고, 로봇은 가장 높은 단계의 기계야. 프랑켄슈타인이 죽음에 대한 공포로부터 인간을 자유롭게 하고자 했듯이, 우리가 생산한 기계 또한 아침이면 시를 쓰고 오후에는 철학을 논하고 저녁에는 극장에 가며 가족이나 친구들과 함께 식사를 하면서 보내는 시간을 방해하는 중노동으로부터 해방되고자 하는 우리의 소망 때문에 만들어진 거야.

이상적으로는, 기계 노예를 발명하고 생산하는 능력은 우리를 자유롭게 해주어야 했어. 인간은 철학적인 문제에만 매달리고 힘든 노동은 모두 기계가 대신 하는 〈스타트렉〉 속의 사회를 가져다주어야 했지. 그러나 기계가 소수의 소유가 되고, 이윤을 얻기 위한 수단으로 투입되며, 다수는 단지 기계에 붙어서 일하는 대가로 임금을 받게 되면, 기계는 결국 모든 사람의 주인이 되어버려. 소유자의 주인일 뿐만 아니라 기계를 갖고 일하는 자들의 주인이 되는 거지.

시장사회의 기계화가 우리를 〈스타트렉〉의 유토피아로 데려가지 않고, 거꾸로 〈매트릭스〉의 방향으로 데려가버리면, 기계는 《프랑켄슈타인》의 창조물과 비슷해지겠지. 모든 세대가 위기의 제단 위에 제물로 바쳐지고, 사회는 기계의 승리에 대해 경련을 일으키는 것으로 반응할 거야.

성장의 시기에 우리는 다가오는 위기의 씨앗을 무의식적으로 배양하며 동시에 우리가 사는 자연환경을 짓밟게 될 거야. 우리는 우리가 마시는 물을 오염시키고, 우리가 숨 쉬는 공기를 더럽히며 우리가 서 있는 땅을 못 쓰게 만들지. 그리고 은행가는 통제할 수 없을 만큼 많은 양의 교환가치를 미래에서 끌어와 기계 생산에 돈을 대기 때문에 불가피하게 경제 위기가 닥쳐오며 한 세대 이상의 피고용자들이 제물로 바쳐진단다. 아니면 정치적 변혁이나 전쟁이 일어나 부채 삭감 버튼이 눌러지겠지. 그러면 우리는 더 가난해지고, 둘로 갈라진 채, 덜 인간적이고 생물학적으로 피폐해진 지구 위에서 처음부터 다시 시작해야 할 거야.

아마도 사회는 매트릭스를 향해 다가가는 악순환에서 벗어나 수백만 명의 인류를 절망으로 몰아가는 위기의 경련을 겪을지도 몰라. 그런 다음, 다시 매트릭스를 향해 가는 길을 선택해서 다음 경련을 겪을지도 모르고.

우리의 창조물을 우리의 운명을 지배하는 피도 눈물도 없는 주인으로 만드는 요소들을 우리가 제거할 수 있을까? 우리를 위해, 우리가 매일 파괴하고 있는 지구를 위해 우리가 기술을 사용할 가능성은 없을까?

매트릭스에서 탈출해 매트릭스에 맞서서 반란을 시작한 몇 안 되는 사람들 가운데 하나인 주인공 네오에게 기계가 했던 말에 대한 답을 우리는 갖고 있을까? 스스로를 스미스 요원이라고 밝힌 기계 하나가 기계들에게 잡혀온 네오에게 말하지.

"지구상의 어떤 종류의 포유류건 본능적으로 자기 환경과 자연적인 균형을 이루며 산다. 그러나 너희 인간은 그렇지 않아. 지구상에 너희와 똑같이 행동하는 생명체가 또 하나 있지. 그게 무언지 알아? 바로 바이러스야! 인간은 질병이야! 이 행성의 암 덩어리라고! 너희들은 페스트 같은 거야! 그리고 우리 기계는 치료제야!"

지금까지 우리가 한 행동으로 보면 기계의 말이 옳을 수도 있어. 겁에 질린 인간과 심지어는 자기의 창조주마저 증오했던 프랑켄슈타인 박사의 창조물도 옳을 수 있어. 하지만 나는 낙관적이야. 너희 세대는 스미스 요원에게 반박할 수 있을 거야. 시장사회를 그저 주어진 것이라고 받아들여서는 안 돼. 기계 노예가 인류의 공동 재산이 아니라 특정한 사람들의 것이어야 한다는 생각도 무심코 받아들이면 안 돼!

~~~~~~~~~~~~~~~~

6장

오이디푸스
콤플렉스에 걸린
두 시장

~~~~~~~~~~~~~~~~

목표에 도달하기 위한 집단의 성공은
흔히 한 집단이나 한 사회가 지닌 낙관론의 정도에 달려 있어.
좋은 결과가 생길 것이라고 믿으면 사람들은 그 목표를
이루기 위해 필요한 일이라면 무엇이든 다 하지.
그리고 그렇게 해서 그 목표는 이루어질 거야.
좋은 결과를 얻기가 어렵다고 믿으면 사람들은
그 목표의 성공을 위해 아무것도 하지 않아.
그래서 비관적인 예언은 현실이 되고 말지.

메피스토 없는 파우스트?

1989년에 내 친구 바실리스는 이제 막 경제학 박사 학위를 따고 일자리를 찾으려 했어. 그러나 찾을 수가 없었지. 그래서 바실리스는 매달 자기의 기대치를 낮추었고 점점 더 장점이 없는 일자리를 찾게 되었단다. 마침내 완전히 실망한 그가 (당시 내가 살고 있던) 오스트레일리아로 편지를 보내왔어.

"야니스, 한 인간에게 일어날 수 있는 일 가운데 가장 나쁜 일은 자신의 영혼을 악마에게라도 팔 각오가 된 절망적인 상태에 빠지는 것이라네. 악마는 그 영혼을 원하지 않는데도 말일세."

몹시 어려운 처지에서 비참하고 형편없는 월급을 주는 일자리를 구걸해야 할 때, 게다가 그 일자리마저 고용주가 자기에게 주기를 거절할 때, 실업자들은 이와 똑같은 느낌을 갖게 되겠지. 나는 네가 절대로 이런 처지에 놓이지 않기를 바라. 그러나 너도 알다시피 경제 위기 때문에 그리스 사람 수백만 명이 이런 상황에 처했었어. 그리고 이런 처지에 놓인 사람들이 있다는 사실을 애써 외면하는 일부 경제학자들이 있어. 네가 그들의 영향을 받지 않으면 좋겠어. 어떻게 그 경제학자들은 이런 일을 부인할 수 있을까?

실업자들이 실제로 존재한다는 것을 믿으려 하지 않는 그들(나는 이들을 '실업의 부인자'라고 불러)의 생각을 이해하기 위해, 그들이 마치 내 친구 안드레아스와 이야기할 때의 나처럼 생각한다는 것을 말해야겠구나. 안드레아스는 파트모스*에 있는 자기 시골집이 팔리지 않는다며 나에게 불평을 늘어놓았어. 나는 안드레아스에게 집값으로 겨우 10유로를 주겠다고 제안해보았어. 그가 집을 팔 생각이 있다면 싼 가격에라도 집을 팔 것이라고 생각했지. 그는 웃을 수밖에 없었나 봐. 무언가가 아예 팔리지 않는다는 것과, 그것을 사겠다고 제시한 가격에 팔 수 없다는 것의 차이가 명확해졌기 때문이야. 실업의 부인자들도 나와 똑같은 생각을 한단다. 이 사람들은 메피스토가 파우스트의 영혼을 살 생각이 아예

....
* 그리스 에게해 남쪽에 있는 작은 섬.

없을 수도 있다는 말이, 바실리스의 노동을 사려는 고용주가 아예 없다는 말과 똑같다는 사실을 받아들이려 하지 않는 경제학자들이야. 실업의 부인자들은 다음과 같은 논리를 펴곤 해.

실업자의 노동이 고용주를 위해 가치를 만들어낸다면 고용주도 그에 대한 대가로 뭔가를 지불할 용의가 있다. 당신이 안드레아스에게 파트모스에 있는 집에 대한 대가로 10유로를 제안했듯이, 분명히 어느 고용주는 당신의 친구 바실리스를 고용하기 위해 한 달에 100유로를 낼 것이다. 하지만 자기 집을 그렇게 싼값에 넘기고 싶지 않은 안드레아스와 마찬가지로, 바실리스 또한 자기 노동의 대가로 그렇게 적은 임금을 받고 싶어 하지는 않는다. 이것이 안드레아스가 구매자를 발견하지 못한다는 뜻일까? 아니다. 그리고 바실리스가 고용주를 찾지 못할까? 이것도 아니다. 이것은 단순히 안드레아스와 바실리스가 자기들이 생각하는 가격을 지불할 용의가 있는 구매자를 찾지 못했다는 뜻일 뿐이다. 이것은 그들 자신의 문제다. 집을 팔지 않겠다거나 그 임금에는 자기 노동을 넘길 수 없다는 그들의 결정이 문제다. 누가 몇백만 유로를 준다고 하면 당신도 아마 기꺼이 당신의 집이나 노동을 팔 것이다. 그러나 그렇게 많은 돈을 내고 살 구매자를 찾지 못한다면 그것은 누구의 잘못도 아니다. 이때 잘못은 당신의 말도 안 되는 욕심이다. 당신에게 관심을 갖는 사람을 찾을 때까지 가격이나 임금을 낮추어야 한다. 그때까지는 시장사회가 당신을 위한 구매자를 찾는 데 실패했다고 주장하는 것은 아무 의미가 없다. 당신의 친구 안드레아스는 그저 자기 집이 가진 교환가치를 시장사회보다 너무 높이 평가했을 뿐이다. 당신의 친구 바실리스의 경우도 똑같다. 그는 자기 노동의 교환가치를 노동시장이 인정하는 것보다 더 높이 평가했다. 그것은 그들의 정당한 권리다. 하지만 자신들이 노동시장의 희생물 또는 실업자라고 말해서는 안 된다.

실업의 부인자들은 실업자가 있다는 사실을 애초부터 부인해. 임금을 받고 노동을 제공하고 싶은데도 제공할 수 없는 사람은 없다는 거야. 그들이 생각하기에 모든 바실리스들은 제안받은 가격이 너무 싸서 자기 집을 팔지 않으려는 안드레아스 같은 사람들이야. 조금 달리 표현하면 그들은 이런 입장에 있어. 바실리스가 스스로 실업자로 남아 있기로 결정했다면, 그는 결코 실업자라고 할 수 없다는 거야. 실업자라는 개념은 일을 하고자 하지만 자신의 의지와는 반대로 실업자가 될 수밖에 없는 사람을 가리켜. 나는 내 동료 경제학자들이 이렇게 주장하는 것을 들었어. "신호등 옆에 서 있다가 자동차 유리를 닦는 일이라 하더라도 아주 낮은 임금을 제시하면 일자리는 금세 찾을 거야."

어떤 점에서 이런 주장은 매우 논리적으로 들려. 노동시장이 정해주는 임금이 웬만한 생활을 하기에 충분한지는 누구도 보장할 수 없지. 그러나 요구 수준을 낮추면, 즉 자신이 기대하는 임금 수준을 가능한 낮추면 일자리 하나쯤 쉽게 찾을 수 있다는 말이 어떻게 보면 그럴듯하게 들리잖아. 너는 이의를 제기할 거야. "그래요. 하지만 먹고, 입고, 집세를 내려면 일을 해서 충분히 벌어야 하잖아요. 내가 받는 임금이 최저 생계비에도 미치지 못한다면 실업자나 마찬가지 아닌가요?" 네 말에 동의해. 그러나 실업의 부인자들과의 문제는 더 깊이 들어가봐야 해.

노동시장에서 자기 노동에 대한 인건비(그가 고용주로부터 받기를 기대하는 임금)를 아무리 낮추더라도, 바실리스가 일자리를 찾을 가능성은 거의 없어. 이와는 반대로 가격을 10유로로 낮추면, 안드레아스는 자기 집을 살 구매자를 언제든지 발견할 수 있지. 다른 말로 하면 실업자는 메피스토에게 가서 제발 자기 영혼을 사달라고 대가를 점점 더 적게 요구하는 파우스트와 비슷해. 메피스토는 영혼을 갖고 싶은 생각이 별로 없어서 거래를 하려 들지도 않는데 말이야.

사냥꾼의 딜레마

(기대하는 임금 수준을 낮추었음에도 일자리를 찾지 못하는) 내 친구 바실

리스의 경우와 (가격만 충분히 내린다면 팔릴 것이 분명한) 안드레아스 집의 경우는 왜 서로 다를까? 그 이유를 알아보기 전에, 200년 전 프랑스의 철학자 장 자크 루소가 생각해낸 이야기를 너에게 들려주고 싶구나.

아마존이나 아프리카 정글에 있는 사냥꾼 한 무리를 상상해보자. 이들은 그물과 창과 활로만 무장을 한 채 커다란 사슴을 잡아 숙소로 가져가려고 해. 가족과 함께 배불리 먹기 위해서지. 이들은 한쪽에서 사슴을 발견하고는 사슴이 도망치지 않도록 가능한 한 소리를 죽여 사슴을 포위하기로 해. 사슴 주위로 둥글게 그물을 쳐서 사슴을 잡은 다음, 창으로 찔러서 죽인다는 계획이야. 그런데 이렇게 튼튼하고 힘이 센 동물을 먼 거리에서 죽이기에 이들의 창은 너무나 약해.

문제는 이런 사냥을 하는 데는 하루 종일이 걸리고, 혹시 어두워져서 사슴을 잡지 못하기라도 하면 가족이 먹을 것이 없다는 거야. 게다가 이들은 잘 알고 있어. 사냥꾼 하나라도 게으름을 피우거나 충분히 주의를 기울이지 않아서 사슴이 그쪽으로 도망쳐버리면 사냥 자체가 실패로 끝난다는 것을. 전체 사슬에서 약한 고리가 하나만 있더라도 모든 사람의 노동이 헛수고가 되어 이들은 배고픈 밤을 지내야 하지. 그런데 이 지역에는 어설픈 사냥꾼들이라도 잘만 하면 창으로 죽일 수 있는 토끼들이 뛰어다니고 있었어. 그렇다고 이들 가운데 한 사람이라도 토끼 사냥에 한 눈을 팔면 사슴 사냥은 실패하고 말지. 그렇게 되면 토끼를 잡은 사냥꾼은 물론이고 다른 사냥꾼들 모두가 굶게 될 거야. 토끼 한 마리로는 모든 사람의 배를 채울 수가 없거든.

이것이 사냥꾼의 딜레마야. 이들은 사슴을 잡아 즐겁게 노래를 부르면서 잔치를 열고 싶어 할 거야. 그러고 나서 부른 배를 쓰다듬으며 행복하게 잠자리에 누울 테지. 다른 사냥꾼들 모두가 사슴 사냥에만 집중할 것이라고 확신할 수 있다면 사냥꾼 각자는 모두 사슴 사냥에만 집중할 거야. 그러나 몇몇 사냥꾼은 제대로 사슴 사냥에 참여하지 않을 것이라고 일부 사냥꾼이 의심하기 시작하면 (사슴이 성공적으로 잡힐 가능성과 관련해서) 비관론이 득세를 하게 되지. 그럼 이들은 빈손으로 숙소에 돌아가지 않으려고 각자 토끼를 사냥하겠다고 결심할 거야. 그러나 이 경우, 이들은 모두를 배부르게 해줄 사슴을 완전히 포기해야만 하는 운명에 처하게 된단다.

여기에서 중요한 점은 다음과 같아.

- 원래 모든 사냥꾼은 각자 따로따로 토끼를 잡기보다는 함께 힘을 합쳐 사슴을 잡으려고 했어.
- 만일 각 사냥꾼이 다른 사냥꾼들도 사슴 사냥에 집중할 것이라고 믿

었다면, 각 사냥꾼은 사슴 사냥에 집중했을 거야(아무도 토끼 사냥에 눈을 돌리지 않고, 모두 함께 힘을 합쳐 사슴을 잡을 것이라고 확신했다는 뜻이지).

사슴을 잡을 수 있느냐 없느냐 하는 것은 결국 사냥꾼들이 사슴을 잡는다는 것에 대해 얼마나 낙관적이냐에 달려 있어.

그러니까 이것은 낙관론의 힘을 증명하는 것임과 동시에 비관론의 악마적인 힘을 증명하는 것이기도 하지. 사냥꾼들 사이에서 사슴을 잡을 수 있다는 낙관론이 지배한다는 것은 토끼를 잡기 위해 이탈하는 사람이 아무도 없을 것이라고 다 같이 믿는다는 뜻이야. 이 경우에는 실제로 이탈해서 토끼 사냥을 하는 이들은 아무도 없을 것이고, 결과적으로 이들은 사슴을 잡게 될 거야. 다른 한편, 비관론이 조금만 퍼져도 일부 사냥꾼은 이런 생각을 하게 되겠지. '사냥꾼들 가운데 몇몇은 사슴을 못 잡을 것이라고 걱정하고 있어.' 그러면 이 일부 사냥꾼은 의심을 하기 시작하지. '이 가운데 제일 걱정이 많은 친구들은 사슴을 못 잡을 것이라 믿고, 완전히 굶지는 않으려고 토끼 사냥을 하러 가버릴 거야.' 이렇게 되면 전체 그물망에 구멍이 생기고 사슴은 도망을 치고 말겠지.

이것이 루소의 우화가 지닌 핵심이야. 목표에 도달하기 위한 집단의 성공은 흔히 한 집단이나 한 사회가 지닌 낙관론의 정도에 달려 있어. 좋은 결과가 생길 것이라고 믿으면 사람들은 그 목표를 이루기 위해 필요한 일이라면 무엇이든 다 하지. 그리고 그렇게 해서 그 목표는 이루어질 거야. 좋은 결과를 얻기가 어렵다고 믿으면 사람들은 그 목표의 성공을 위해 아무것도 하지 않아. 그래서 비관적인 예언은 현실이 되고 말지.

내가 왜 사슴과 토끼 이야기를 했을까? 이 이야기가 자기 집을 팔 수 없었던 안드레아스의 경우와, 일자리를 찾지 못한 바실리스의 경우에 어떤 차이가 있는지 이해하는 데 도움이 되기 때문이야.

실업과 비관론의 악마적인 힘

실업의 부인자들이 어떤 생각을 하고 있는지 이제 알게 되었을 거야. 이들에 따르면 내 친구 바실리스는 절대 실업자가 아니야. 바실리스의 노동력은 내 친구 안드레아스의 집과 조금도 다를 것이 없고. 그러니까 자기를 고용할 고용주를 찾으려면 바실리스는 자기의 가격(임금)을 낮추어야 한다는 것이 이들의 주장이지. 그러나 이 주장은 틀렸어. 안드레아스의 집과 바실리스의 노동력 사이에는 차이가 있다는 것을 이들은 이해하지 못하고 있는 거야.

- 자동차에는 적용할 수 있는 주장(새빨간 페라리가 1,000유로로 가격이 떨어지면 누군가 살 것이다)이 정비공의 노동에는 적용되지 않기 때문이야.
- 토마토에는 적용할 수 있는 주장(오후의 채소 시장에서처럼 가격만 내리면 전부 팔릴 것이다)이 임금 노동에는 적용되지 않기 때문이야.

바실리스나 일반 실업자의 노동력은 집이나 페라리, 토마토와 어떻게 다를까? 답은 사슴과 토끼에 관한 루소의 우화에서 찾을 수 있어.

안드레아스의 집을 사려고 하는 사람은 거기 들어가 살려고 사기를 원하겠지. 토요일이면 파트모스로 가서 쉬면서 즐기려는 거야. 그 사람은 이런 사용가치, 더 나아가 나중에 이 집을 사려는 사람들이 많아지면 자신의 평가에 따라 집을 되팔 만한 교환 가치에 해당하는 일정 금액을 치르고 이 집을 사려고 하는 거겠지. 안드레아스의 집에 사는 가치가 얼마가 되든, 가격을 충분히 내리기만 하면 집은 팔리게 되어 있어. 페라리도 마찬가지야. 이런 자동차를 타는 것을 (또는 다른 사람들이 그것을 봐 주는 것을) 즐기는 사람들이 있는 한, 주인이 요구하는 가격이 너무 높지는 않다는 것을 전제로 자동차는 항상 팔릴 수 있어. 토마토의 경우도 마찬가지야. 토마토가 물러터지지 않은 다음에야 토마토를 좋아하는 사람들이 있는 한, 아주 싼값에 내놓는 순간 토마토는 모두 팔려나가겠지.

그러나 실업자 바실리스의 노동력에 대해서는 사정이 아주 달라. 노동력 하나만 고려하면서 사업을 하는 고용주는 아무도 없어. 냉장고 생산 회사를 소유한 마리아라는 사람을 예로 들어보자. 마리아는 바실리스를 고용할 수도 있어. 마리아가 바실리스를 고용하려는 이유는 한 가지뿐이야. 바실리스를 고용하면 그의 노동으로 더 많은 냉장고를 생산할 수 있어. 그리고 냉장고의 생산비를 넘는 가격을 지불하고 냉장고를 살 구매자도 충분히 있지. 그런데 이 생산비에는 바실리스에게 줄 임금뿐만 아니라 여러 가지 다른 비용(생산을 위해 쓰이는 원료와 부품 가격, 전기요금, 전화요금, 건물 임대료 등등)도 포함되어 있어.

마리아가 바실리스를 고용하고 안 하고는 무엇에 달려 있을까? 답은 간단해. 새로운 냉장고를 생산한 이후, 생산비를 초과하는 가격을 지불할 용의가 있는 구매자가 적어도 손해를 보지 않을 만큼 많이 있다고 마리아가 기대하고 있느냐 그렇지 않으냐에 달려 있어.

마리아의 입장이 되어 생각해보자. 마리아는 냉장고를 더 많이 생산하기 위해 바실리스(그리고 바실리스와 같은 처지의 실업자 몇

명)를 고용해야 할지 말아야 할지 결정을 내려야 해. 마리아는 전혀 확신이 안 서. 실업자를 몇 명 더 고용하면 물론 냉장고는 더 많이 생산할 수 있을 거야. 하지만 그 냉장고가 안 팔리면(그래서 어쩔 수 없이 헐값으로 팔아야 한다면) 마리아는 망할지도 몰라. 그런데 그들을 고용해서 좋은 값에 냉장고를 판매한다면 마리아도 이윤을 얻어. 그리고 일자리를 찾은 실업자들은 당당하게 생활필수품을 사고 가족을 먹여 살릴 수 있게 되어 행복해지겠지.

마리아는 걱정스럽게 자문할 거야. "그들을 고용해야 할까? 그러다가 내가 파산하면?" 마리아는 생각이 많아지겠지. 그리고 머리에 열이 나도록 궁리하는 동안 알게 될 거야. 냉장고가 잘 팔리고 안 팔리고는 구체적인 시장사회의 환경에 달려 있다는 것을. 환경이 좋아서 경제가 성장하면, 그래서 소비자들 사이에 낙관론이 지배하면, 사정이 좋을 때는 누구나 그렇듯 많은 사람들이 냉장고를 비롯해 여러 가지 다른 물건들을 장만하지. 그러나 경제 환경이 좋지 않아 비관론이 지배하면 실업이나 위기에 대한 걱정 때문에 소비자들이 돈을 쓰지 않아. 그러면 마리아의 냉장고를 찾는 수요 또한 없어지고 마리아는 큰 손해를 보겠지. 심지어 파산할 수도 있어.

그럼 경제 환경은 무엇에 달려 있을까? 사정이 더 좋아지느냐, 아니면 더 나빠지느냐 하는 문제지. 마리아의 냉장고는 구매자를 찾고, 회사가 살아남을 수 있을 만큼 높은 가격을 받을 수 있을까? 이것은 다른 기업가들이 경제 상황이 좋아질 것이라고 믿느냐 믿지 않느냐 하는 데 달려 있어. 충분히 많은 기업가들이 낙관적이라면 기업가들은 새로운 일자리, 새로운 기계, 새로운 건물에 투자를 해. 그러면 피고용자와 하청업자들의 수입은 늘어나게 되겠지. 이 수입은 다시 소매점이나 슈퍼마켓에서 냉장고나 오디오 등을 사는 데 지출돼. 사회의 마리아들은 시장사회가 그들의 낙관적인 예언을 실현해주고 넉넉히 보상을 해주는 것을 보게 될 거야.

정반대의 경우도 있어. 마리아들이 비관적이고, 그 결과 실업자들을 고용하지 않으면 경기는 침체되고 실업자를 고용한 기업가는 손해를 보며 기업가 대다수의 비관론이 옳았다는 것이 증명되겠지.

그래서 사슴과 토끼 이야기는 매우 중요하단다. 이 이야기는 노동시장의 성격뿐만 아니라 시장사회의 성격도 보여주거든. 사냥꾼 무리가 비관적이 되면 사슴을 잡을 가능성을 스스로 떨어뜨리고, 그렇게 해서 실제로 사슴을 못 잡게 되는 것과 같이, 상당수 기업가들이 사정이 나빠질 것이라고 믿으면 시장사회의 실업과 경기 후퇴, 그리고 위기가 발생하지. 반대로 기업가들이 모두 낙관적이 되면, 바실리스 같은 사람들을 고용하게 될 거야. 그럼 이것은 전체 시장사회에 '긍정적인' 결과를 가져와. 홀로 토끼 사냥을 하는 것으로 스스로를 함정에 빠뜨리는 대신 사냥꾼들이 함께 사슴을 사냥하는 것과 마찬가지야.

　마리아는 바실리스와 실업자 몇 명을 고용해야 할까, 고용하지 말아야 할까 하는 갈등으로 밤이면 침대에서 몸을 뒤척이고 잠을 못 이루면서 곰곰이 생각해. 그러다 뜻밖의 일이 일어나게 돼. 마리아가 (밤에 잠이 더 잘 올지도 모른다고 생각해서 틀어놓은) 라디오에서 다음과 같은 소식을 듣는 거지. 돈을 절반만 받고, 즉, 요구했던 임금의 50퍼센트를 깎고 일할 용의가 있다고 노동조합 대표들이 발표를 한 거야. 이 소식을 들은 마리아는 어떻게 반응할까? 이렇게 소리를 지를지도 모르지. "좋아! 내일 아침 당장 바실리스와 몇 사람을 고용하겠어. 새로운 냉장고를 아주 많이 만들어 내놓겠어." 아니면 정반대의 생각을 할 수도 있어. "임금이 낮아진다니 반가운 일이군. 비용도 덜 들겠어. 그런데 임금을 절반만 받고도 일할 용의가 있다니, 사정이 정말로 안 좋은 모양이네. 지금 회사에 다니고 있는 많은 노동자들 형편도 안 좋아질 거야. 그렇게 수입이 적어진다면, 내 냉장고를 살 만큼 돈 있는 사람이 얼마나 되겠어?"

　사슴 사냥꾼들과 똑같이 마리아 같은 기업가들도 집단적인 기대감의 횡포에 시달린단다. 몇몇 기업가들이 (더 정확히는 대다수 기

162

업가들이) 비관적이 되면 비관론 자체가 강력해지고 현실이 돼. 이것이 무슨 뜻일까? 임금이 낮아질 가능성이 매우 높으면, 마리아 같은 기업가들은 이러한 임금 하락을 경제 활동이 둔화될 조짐으로 여기게 되는 거야. 그래서 바실리스와 같은 실업자들을 고용하는 대신, 있던 사람들도 내보내게 된다는 뜻이야.

그러니까 노동은 집이나 자동차, 토마토 등과는 전혀 다르단다. 임금(노동의 가격)의 하락은 노동에 대한 수요를 증가시키는 대신 하락시킬 수도 있기 때문이야.

악마적으로 다른 두 상품, 노동과 돈

1929년의 경제 위기 그리고 2008년에 겪었던 경제 위기로부터 우리는 한 가지 사실을 배웠어. 매우 중요한 두 시장에 숨어 있던 악마들이 시장사회를 공격했다는 사실이야. 첫 번째 시장은 화폐 시장이고 두 번째 시장은 노동시장이란다.

노동시장의 악마에 대해서는 이미 이야기했지? 이 악마는 냉장고 회사를 갖고 있는 마리아로 하여금, 노동의 가격이 떨어졌음에도 불구하고 노동자를 회사에서 내보내게 만들어. 그래서 토마토, 집, 냉장고 또는 자동차 시장과는 반대로 구매자(고용주)가

원하는 '수'만큼의 사람들이 갑자기 피해를 보게 되지. 가격(임금)이 떨어졌기 때문이야. 이 시장의 내부에 있는 악마만이 이런 일을 할 수 있어.

노동시장만이 악마적인 시장은 아니란다. 이런 시장이 또 하나 있는데, 바로 화폐시장이야. "화폐시장이요?" 너는 이렇게 물을 거야. "그게 뭐예요? 도대체 누가 돈을 사고팔아요?" 화폐시장에서는 돈을 사고팔지 않아. 단지 돈을 빌려줄 뿐이지. 노동시장에서 피고용자가 자기 노동을 파는 것이 아니라 자기 시간만을 빌려주는 것과 마찬가지야. 그런데 왜 돈을 빌려줄까? 돈을 빌려줘야 이자를 받을 수 있거든.

앞에서 이야기했듯이 은행가는 시간의 경계선을 넘어 미래에서 가치를 가져옴으로써 막대한 금액의 돈을 빌려. 이 돈을 다시 이자를 받고 마리아와 같은 기업가들에게 빌려주는 거야. 문제는 돈을 빌리는 마리아들이 노동자를 고용하고 기계를 사서 생산을 시작하려는 의지를 가지고 있어야 한다는 거지. 그리고 그렇게 해서 사회 전체의 수입을 올리고 사업을 활성화시키고 일반적인 복지를 향상시켜야 해. 어쨌든 기업가들이 돈을 빌리는 것은 그 돈으로 투자를 해서 성장하고 싶기 때문이야.

마리아가 빌리려고 하는 돈을 토마토와 같은 하나의 상품으로 간주한다면 다음과 같이 생각할 수도 있어. (토마토 가격이 떨어지면 더 많은 토마토를 사는 것처럼) 마리아는 돈의 가격이 떨어지면 더 많은 돈을 빌리지 않을까? 그런데 빌려온 돈의 가격은 무엇일까? 바로 이자야. 이자가 많을수록 돈을 빌리는 데 더 많은 비용이 들기 때문이지(마리아는 더 많은 이자를 은행에 내야 하잖아).

그런데 우리는 노동시장에서 더 많은 노동력을 빌려야겠다고 마리아를 결심하게 만드는 결정적인 요소는 노동의 가격(임금)이 아니라는 것을 보았어. 임금이 하락한다는 소식을 들었더라도 노동자들을 내보내는 것이 경기가 후퇴하는 시기에는 더 좋은 결정일 수도 있기 때문이야. 이 같은 일이 화폐시장에서도 일어난단다. 이자가 낮아진다는 것을 알게 되면, 마리아는 돈을 더 많이 빌리는 것이 아니라 더 적게 빌리게 돼. 이유는? 돈을 빌려서 새 냉장고 생산에 투자하는 것은 경제 상황이 좋을 때만 도움이 된다는 것을 알고 있기 때문이야. 그리고 경제 상황이 좋아지려면 마리아 혼자만 투자해서는 안 돼. 다른 기업가들도 마찬가지로 투자를 해야 하지. 거대한 상어 뒤를 따라다니며 상어가 먹고 남은 찌꺼기를 먹고 사는 동갈방어*처럼, 작은 기업가들은 대기업들의 뒤를 따라다니는데, 이 대기업들이 투자를 해야 자기들도 투자를 할 수 있는 거야. 실제로 대기업이 투자를 많이 하면 전체

. . . .
* 농어목 전갱잇과의 육식성 물고기. 전 세계의 따뜻한 바다에서 서식한다.

경제에서 화폐와 노동에 대한 수요가 급격하게 늘어난단다. 그런데 대기업이 투자를 하겠다고 결정하는 데 가장 많은 영향을 주는 것은 무엇일까? 바로 낙관론이야.

사슴과 토끼 이야기로 돌아가보자. 루소 이야기에 나오는 사냥꾼처럼, 낙관론이 지배적일 때 시장사회의 기업가들은 빌린 돈을 노동력과 기계에 투자해. 그렇게 해서 생산과 경제 일반에 성장 동력을 제공하는 거야. 노동과 화폐의 가격(임금과 이자)이 떨어지면 아주 간단히 위기는 심화되고 실업률은 높아질 수 있으며, 투자를 위해 회사가 빌리는 대출금도 줄어들 수 있지. 그 이유는 다음과 같아. 나라에서 이자를 내리고 노동자들은 돈을 덜 받고도 일할 용의가 있다는 소식을 들으면, 마리아는 전체 경제 환경에 대해 비관적으로 생각하게 되겠지. "나라와 은행가들이 이자를 내린다니, 앞으로의 경제 전망은 아무래도 별로 좋지 않을 거 같군. 그리고 노동자들이 그런 최저 임금을 받고도 일할 용의가 있다니 그들이 일자리를 얻는다고 해도 돈이 별로 없을 테지. 그럼 그들에게 내 제품을 더는 팔 수 없을 거야." 이렇게 해서 마리아와 다른 기업가들 사이에 비관론이 퍼져나가는 거야. 그리고 임금과 이자 하락은 더 많은 실업, 더 적은 투자, 위기의 심화로 이어지겠지.

여기에서 분명해져. 실업자들은 원래 있을 수 없다는 실업의 부인자들의 주장은 틀렸어. 안드레아스의 집에 적용되는 말이 바실리스의 노동에 대해서도 적용된다는 주장도 잘못이야. 두 가지 중요한 시장, 노동시장과 화폐시장의 지하에 경제 위기를 생산하고 재생산하는 악마가 숨어 있다고 한 까닭을 이제 알 수 있을 거야.

노동시장과 화폐시장의 오이디푸스 콤플렉스

소포클레스의 유명한 비극 〈오이디푸스 왕〉에 대해 들어본 적 있지? 이 비극은 오이디푸스 신화를 바탕으로 쓰인 비극이야. 오이디푸스는 자기 아버지인지도 모르고 테베의 왕을 죽여. 그런 다음 자기 어머니와 결혼하지. 물론 자기 어머니인지 모르고 한 결혼이야. 이 이야기의 바탕에 깔려 있는 요소는 예언의 힘이란다.

　이야기는 이래. 테베의 왕 라이오스는 자기 아내 이오카스테가 아이를 가졌다는 소식을 들어. 라이오스는 아이의 미래가 어떻게 될지 신탁을 청하지. 그런데 거기에서 끔찍한 예언을 듣게 돼. 이오카스테가 낳을 아들의 손에 자기가 죽게 된다는 거야. 라이오스는 깜짝 놀라 아들이 태어나자마자 죽이라고 이오카스테에게 명령을 내려. 하지만 이오카스테는 차마 자기 손으로 자기 아이를 죽일 수 없어서 아이를 하인에게 넘겨주었어. 하인더러

자기 대신 죽이라는 것이었지. 그런데 하인 또한 아무 힘없는 젖먹이를 끝내 죽이지 못해. 하인은 아이를 죽이는 대신 숲속으로 데려가서 버려두고 오지. 굶어 죽든 얼어 죽든 운명에 맡긴 거야. 그런데 어느 양치기가 젖먹이 오이디푸스를 발견하고는 코린토스로 데려가. 그러자 아이가 없었던 코린토스의 왕은 오이디푸스를 양자로 삼지.

몇 년 뒤 오이디푸스는 코린토스 왕이 자기 친아버지가 아닐 것이라고 의심하고서 자기 친부모가 누구인지 신탁을 청해. 다시 끔찍한 예언이 뒤따르지. "너는 너의 친아버지를 죽이고 너의 친어머니와 결혼하게 되리라." 소스라치게 놀란 오이디푸스는 자신의 운명에서 벗어나기 위해 멀리 떠나기로 한단다. 여행을 떠난 오이디푸스는 테베 근처의 한 사거리에서 우연히 라이오스 왕을 만나지. 그런데 누가 먼저 사거리를 지나가느냐 하는 문제로 다툼이 일어나. 이 다툼에서 라이오스 왕은 자기 아들의 손에 죽임을 당한단다. 이렇게 해서 첫 번째 신탁이 실현돼. 나중에 오이디푸스는 수수께끼를 풀어서 무서운 괴물 스핑크스로부터 테베를 구해. 수수께끼를 푼 사람은 테베를 구할 뿐만 아니라 테베의 왕이 되는 거야. 그래서 오이디푸스는 왕으로서 왕관을 차지할 뿐만 아니라 당시 관습대로 왕의 미망인인 이오카스테와 결혼하지. 바로 자기 친어머니야. 이렇게 해서 두 번째 신탁도 실현

된단다.

　노동시장과 화폐시장이 이 신화와 무슨 관계가 있을까? 아주 직접적인 관계가 있어! 한번 생각해보렴. 첫 번째 예언에서는 예언이 예언 자체를 실현했지? 첫 번째 신탁이 없었다면 오이디푸스는 라이오스를 결코 죽이지 않았을 거야. 첫 번째 신탁이 없었다면 라이오스는 깜짝 놀라서 아들을 죽이라는 명령도 내리지 않았겠지. 오이디푸스는 테베의 궁전에서 자랐으니 자기 친아버지가 누군지도 알았을 테고 당연히 친아버지를 죽이지도 않았을 거잖아. 두 번째 예언도 마찬가지야. 오이디푸스가 자기 친어머니와 결혼하게 되리라는 신탁이 없었다면 오이디푸스는 코린토스를 떠나지도 않았을 테고, 자기 친아버지를 죽이지도 않았을 거야. 그리고 테베로 가서 스핑크스로부터 테베를 구하지도 않았을 것이고 당연히 자기 친어머니와 결혼하지도 않았을 거야.

　위기의 시기에는 노동시장과 화폐시장에서도 같은 일이 일어나. 마리아와 다른 기업가들이 앞으로 위기가 계속될 것이고 경제 활동은 낮은 수준에 머물게 될 것이라는 신탁을 받으면 그들은 돈을 빌리거나 더 많은 노동자를 고용하는 걸 꺼리게 되겠지. 이렇게 해서 예언이 예언 자체를 실현하는 거야. 그리고 위기를 맞아 노동과 화폐의 가격(임금과 이자)이 낮아지면 더는 고용과 대출은 일어나지 않고 그 대신 정반대의 현상이 일어나게 되겠지.

이러한 가격 하락이 비관론을 길러내고 비관론은 저절로 강해지기 때문이야.

사슴 사냥에서 오이디푸스, 파우스트와 실업의 부인자까지

노동과 돈은 시장사회라는 동력 장치를 돌아가게 하는 데 없어서는 안 될 톱니바퀴야. 동시에 이들은 이 장치를 못 쓰게 만드는 악마로 기능하기도 한단다. 이들이 '이성적으로 움직이는' 톱니바퀴처럼 (예를 들어 토마토, 전동기, 원료 등과 같은 다른 상품처럼) 기능할 수 없는 것은 이들이 다른 상품들과는 근본적으로 다르기 때문이야. 좀 더 간단히 말하자면, 기본적으로 어떤 기업가도 이들을 원하지 않기 때문이지!

사실 직원이 있다는 것은 기업가들로서는 빚을 내는 것만큼이나 싫은 일이야. 빚을 지고 싶어 하는 기업가는 세상에 아무도 없어. 모든 고용주는 기술이 발전해서 피고용자를 모두 내보내고, 대신 불평도 하지 않고 파업도 하지 않고 아프지도 않고 말 잘 듣는 로봇으로 대체하는 순간을 꿈꿔. 고용주는 가능하다면 노동력도 빌리지 않고 대출도 받지 않을 거야. 비용이 들어서가 아니야. 노동과 (빌려온) 자본은 (생산자하고는 별로 관계 맺을 일 없이 사기만 하면 되는) 전기와는 반대로 사회적인 관계, (피고용자 및 은행가와) 차라리 안 맺었으면 하는 권력 관계를 맺도록 강요하기 때문이지.

이런 의미에서 부채와 노동은 기업가들이 이윤을 얻기 위해 비용을 치러야 하는 필요악이야. 그런데 이윤이란 예상 수요가 그만큼 많을 때만 생기지. 사슴을 잡을 수 있다는 낙관론이 지배하면 사슴 사냥에 계속 집중하는 루소의 사냥꾼들처럼, 기업가들 대부분이 낙관적이 될 것이라는 낙관론이 기업가들 사이에서 지배적이면 기업가는 빌린 돈을 사람과 기계에 투자하게 될 거야.

거꾸로 기업가들이 비관적이 되면 비관론이 옳은 것으로 입증되지. 그리고 임금과 이자의 하락이 비관론에 더 많은 힘을 실어준단다. 기업가들은 임금과 이자가 하락하면 (비용이 적어지기 때문에 낙관적이 되는 대신) 미래에는 자기 제품에 대한 수요가 더 적어질 것이라고 예측하기 때문이야. 위기의 시기를 맞은 기업가들은 라이오스나 오이디푸스와 마찬가지 처지가 돼. 그리고 비관적인 예언은 스스로를 실현하는 힘이 있지.

진정으로 일하기를 원하는 사람들을 일하게 만드는 데는 임금 하락으로 충분하다는, 실업의 부인자들의 그럴듯한 믿음과는 달리 실업자는 자기 영혼을 사게끔 메피스토를 설득하지 못하는 파우스트와 비슷해. 아무리 가격을 내리더라도 메피스토는 영혼을 사주지 않거든.

7장

멍청한
바이러스?

우리의 민주주의는
종종 눈살이 찌푸려질 정도로 불완전하고 썩어 있으며,
약자와 우리의 불안정한 환경에 대한
범죄 행위를 눈감아주고 있단다.
하지만 우리를 지구상의 멍청한 바이러스로
머물지 않도록 해주는 유일한 방법이
여전히 민주주의라는 것은 부인할 수 없는 사실이야.

건방진 바이러스

유일신을 믿는 세 거대 종교 유대교, 크리스트교, 이슬람교의 시선으로 보면 우리 인간은 자신에 대해 상당히 거창한 이미지를 갖고 있다는 결론에 쉽게 도달하게 돼. 우리는 신의 형상을 본떠 완벽하고 유일무이하게 창조되었다는 데 만족감을 느끼지. 우리는 우리 자신을 기꺼이 반신半神으로, 지상의 주인으로, 다른 동물들과는 달리 어쩔 수 없이 환경에 순응하지 않고 거꾸로 환경을 우리의 필요에 따라 바꾸는 능력을 갖춘 유일한 포유류로 간주하잖아.

이 때문에 스미스 요원(〈매트릭스〉에서 네오의 머릿속에 있는 기계 보호 프로그램)처럼, 우리 손으로 만든 기계가 우리에게 반항하면 깜짝 놀랄 수밖에 없어. 스미스 요원이 한 말이 생각나는구나.

"지구상의 어떤 종류의 포유류건 본능적으로 자기 환경과 자연적인 균형을 이루며 산다. 그러나 너희 인간은 그렇지 않아. 지구상에 너희와 똑같이 행동하는 생명체가 또 하나 있지. 그게 무언지 알아? 바로 바이러스야! 인간은 질병이야! 이 행성의 암 덩어리라고! 너희들은 페스트 같은 거야! 그리고 우리, 기계는 치료제야!"

가장 나쁜 것은, 스미스 요원의 말이 실은 맞는 게 아닐까 하는 생각에 두려워진다는 거야. 굳이 말로 하기는 싫지만 스미스 요원이 우리에게 관대한 것은 아닐까 하는 의심마저 들어. 왜냐하면 자기가 기생하고 있는 육체를 죽이지 않으려고 보호하는 대부분의 바이러스보다 우리가 훨씬 더 나쁘기 때문이야. 고개를 돌려 어디를 보든, 우리가 지나간 자리에는 자연 파괴의 명백한 흔적이 남잖아.

시장사회가 생겨난 이후 지구의 숲 3분의 2가 사라졌어. 우리는 호수를 오염시키는 산성비를 만들어냈고, 둑을 쌓아 강물을 막거나 아예 강물을 없애버렸고, 바다를 더럽혔으며, 토양을 걷어내버렸고, 동물과 식물을 멸종시켰지. 그래서 우리의 유일한 피난처인 지구 생활권의 생물학적 균형이 깨질 정도가 되어버렸단다. 이것도 모자라 우리는 점점 더 많은 (이산화탄소나 메탄가스 같은) 온실가스를 생산하고 있지. 기온을 급격히 상승시키는 온실가스 때문에, 북극과 남극의 얼음이 녹아 해수면이 올라가고 지구의 기후가 불안정해져서 온 인류의 생존이 위협받고 있잖아. 스미스 요원의 말이 맞다는 데 누가 의심을 할 수 있겠어? 자기 생존의 바탕이었던 생물체를 죽임으로써 스스로 소멸된 에볼라 바이러스와 우리는 비슷하지 않니?

물론 스미스 요원 같은 것은 실제로는 존재하지 않는다고 항의할 수도 있겠지. 이 모든 것은 시나리오 작가의 상상에서 비롯되었으며, 우리 양심을 깨우기 위한 인간적인 시도에 불과하다고 말할 수도 있을 거야. 시장사회가 아직은 채 성장하지 않았을 때, 그 결과일 수 있는 불행에 대해 경고하기 위해서 《파우스트》와 《프랑켄슈타인》이라는 판타지를 지어낸 작가들처럼 말이야. 문학, 미술, 영화를 통한 이러한 경고는 아직 우리에게 희망이 있다는 것을 보여주고, 결국 우리는 지구를 노리는 페스트나 암, 바이러스가 아님을 입증하는 것일 테지.

바이러스나 악성 종양, 박테리아에는 양심이 없어. 그러나 우리에겐 양심이 있어. 이것이 스미스 요원에게 반박할 수 있는 우리의 가장 뛰어난 능력이지. 하지만 우리는 이와 더불어 계속 비판적이어야 하며, 우리의 가장 중요하고도 환경 파괴적인 창조물에 맞서서 우리의 위대함을 증명해 보여야 해. 점점 더 많이 우리

의 주인으로 변해가는, 그러면서 동시에 지구의 가장 큰 적으로
변해가는 시장사회에 맞서서 말이야.

교환가치 대 지구

시장사회는 교환가치가 실제가치에 승리하기 시작했을 때부터
나타났어. 이에 대해서는 2장에서 이야기했지? 우리가 살펴본
대로 이 '승리'는 막대한 부뿐만 아니라 극심한 불행도 가져왔어.

사회는 기계화되고 사람이 생산할 수 있는 제품의 수는 기하
급수적으로 늘어났단다. 이와 동시에 인간은 기계의 주인이 아니
라 기계의 노예가 되고 말았지. 이제 교환가치의 완전한 승리가
어떻게 그리고 무엇 때문에 지구를 생태학적 파멸로 몰아넣었는
지 설명할 때가 되었구나.

때는 여름이야. 에이나에 있는 우리 집 위로 갑자기 소방 비행
기 세 대가 펠로폰네소스* 쪽으로 날아가는구나. 우리는 비행기
들을 눈으로 좇아. 멀리 파르논 산맥 위로 새까만 연기가 하늘을
향해 마법사의 뱀처럼 뭉게뭉게 피어오르는 것이 보여. 연기는

· · · · · · · · ·
*그리스 본토 남부를 구성하는 반도.

점점 태양을 가리더니 대낮인데도 마치 해질녘처럼 주변을 기묘하고 부자연스러운 빛 속에 잠기게 해. 우리는 뉴스를 접하지 않고도 눈앞에 엄청난 재난이 일어났다는 것을 알 수 있어.

그런데 이런 재난이 우리 사회의 교환가치를 늘린다는 것을 알고 있니? 교환가치라는 개념 전체적으로 보아 화재는 우리 사회에서 수치상의 부를 줄이는 것이 아니라 반대로 늘린다는 것도? 이상하게 들리겠지만 이것은 사실이야. 일단 불에 타는 나무는 교환가치가 없어! 뻐꾸기와 토끼 그리고 숲속의 동물과 식물도 교환가치가 적지. 그래서 아무리 많은 나무가 불에 타든, 아무리 심하게 그 지역이 숯이 되든, 아무리 많은 동물이 화염 속에서 끔찍한 죽음을 맞든 이런 것에 상관없이 교환가치는 조금도 사라지지 않아. 집이 불에 탔더라도 집의 교환가치 또한 그다지 줄지 않지. 집은 보험에 들어 있거나 집을 다시 지을 때 국가가 집 주인에게 지원을 해주기 때문이야. 거주자들의 추억(그들이 살았던 아름다운 숲, 집과 함께 타버린 액자 속의 할머니 사진 등등)에 애당초 교환가치는 하나도 없었어. 추억에는 '오직' 실제가치만 있을 뿐이니까.

이와 반대로 집 위로 날아가던 소방 비행기는 등유를 태워. 등유는 높은 교환가치를 지니고 있고 이 교환가치는 등유를 공급하는 상인의 수입을 올려주지. 실제가치가 없어지는 것을 막으려고 불타는 숲을 향해 돌진하는 소방관들이 탄 소방차가 사용하는 휘발유도 마찬가지야. 그리고 불에 탄 집과 쓰러진 전봇대를 다시 세우는 데 드는 임금과 재료비는 화재로 인해 생겨나고 국민소득에 합산되는 교환가치란다.

이렇게 해서 문제의 핵심이 점차 눈에 보이게 돼. 시장사회는 무게중심을 오로지 교환가치에만 두니까, 실제가치의 의미는 점점 한쪽으로 밀려나게 되는 거야. 당연히 교환가치를 만들어내는 인간의 활동은 강화되고, 실제가치만을 가져오는 사람들은 불리해지지. 스포츠에서도 그렇잖아. 예전에는 스포츠가 사람들에게 제공했던 것이 공놀이할 때의 즐거움, 올림픽 경기에서 승리가 가져다주는 명예, 훈련이 낳는 만족감 등이었어. 그러나 좋은 성적과 메달이 교환가치를 갖게 되자, 스포츠는 상업화되고 말았어. 마치 18세기 영국에서 노동과 토지가 상업화된 것처럼.

오늘날에는 텔레비전이 시청자의 흥미를 사로잡은 다음 이것을 광고 회사에 팔지. 광고 회사는 스포츠에 사로잡힌 시청자들을 대상으로 자동차에서부터 햄버거까지 팔 수 있는 제품이란 제품은 모두 팔기 위해서 이것을 이용한단다. 이렇게 해서 올림픽 금메달이나 월드컵 축구에서 넣은 한 골의 교환가치가 광고 회사에서 텔레비전 시청자들에게 판매한 자동차와 햄버거의 교환가치로 결정돼. 18세기에 토지 1헥타르의 교환가치가 이 토지에서 기르는 양의 등에 난 양털의 교환가치로 결정된 것처럼 말이야.

스포츠에서 이렇게 교환가치가 승리함과 동시에 실제가치는 떨어져. 자기 성적의 교환가치를 최고로 높이기 위해서 스포츠 선수들은 어쩔 수 없이 스포츠가 선물하는 즐거움과 만족감을 해치는 일(부상에도 불구하고 게임을 한다든지, 나중에 자기 건강을 해치게 될 금지 약물을 복용한다든지)을 하기 때문이야. 시청자의 흥미를 유발하고 광고의 손쉬운 먹잇감이 되는 것은 모두 교환가치를 가져. 그리고 교환가치는 인간에게 의미가 있는 실제가치를 모조리 없애버리지.

텔레비전에서 교환가치가 약진을 거듭하자 올림픽 경기장은 로마 시대의 경기장이 되고 말았어. 제약 회사들은 피비린내 나는 전투를 벌이고, 약물은 스포츠 선수들을 좋은 성적을 올리는 인형으로 만들어버렸지. 교환가치의 약진은 문제의식을 일깨우기보다는 시청자의 흥미를 끄는 프로그램(예를 들어 리얼리티 프로그램)을 전면에 내세움으로써 우리 문화 전반을 위협해. 오스트레일리아의 오락과 정보 미디어 재벌 루퍼트 머독이 한번은 우연찮게 아무도 흉내 낼 수 없는 발언을 했단다. "시청자의 지능을 낮추면 절대 돈을 잃을 일이 없다!" 이 말의 진정한 의미는 이거야. 제품의 교환가치를 최고로 올리려면 실제가치를 낮추어야 한다는 거지!

그러나 진정한 비극은 자연에서 일어난단다. 자연에서는 교환가치의 승리가 우리 문화의 가치를 앗아갈 뿐만 아니라, 우리에게 살아갈 권리를 선사하는 우리 행성을 철저히 파괴하고 말았어. 우주 비행사가 자기 우주선의 산소에 독을 뿌리는 걸 상상할 수 있겠어? 하지만 바로 이런 짓을 인류가 하고 있어. 인류는 이런 짓을 시장사회가 등장한 이후 줄곧, 이미 300년 넘게 해왔단다. 그동안 시장사회에서는 교환가치가 실제가치를 계속 억눌러왔으며 오직 이윤만이 인간의 정신과 행동을 지배하는 권력을 얻었지.

개인을 바보로 만드는 시장사회

짐승들이 모두 그렇듯이 인간도 자기 삶에 필요한 동물과 식물을 파괴하는 경향이 있어. 오늘날 이스터 섬*에는 옛 주민이 남긴 거대한 석상들만 우뚝 서서 그 위용을 자랑하고 있지. 옛 주민은 이제 이스터 섬에 살지 않아. 섬에 있던 나무들은 무분별하게

· · · · · · · · ·
*폴리네시아에 위치한 칠레령의 섬으로, 모아이 석상 유적으로 널리 알려져 있다.

베어졌고, 그래서 흙은 자신을 붙들어줄 나무를 잃고 말았단다. 흙은 바람에 날려 바다로 떨어졌고, 그리하여 굶주림과 몰락만이 섬에 남았지.

하지만 시장사회가 지배하기 이전에는 멍청한 바이러스처럼 행동했던 인간 사회의 예도 그리 많지 않았어. 교환가치의 승리를 가져온 산업혁명 이전에는 스미스 요원의 비난이 아무런 의미가 없고, 그저 부당하게만 생각되었을 거야. 1장에서 이야기했던 오스트레일리아의 애버리지니가 그 예야. 그들은 영국인이 오기 수천 년 전에 오스트레일리아 대륙에 살던 포유류를 모두 죽여버렸어. 그런데도 그들은 자연과 균형을 이루며 사는 법을 알고 있었지. 숲을 소중히 다루었고 하루에 잡을 물고기의 양을 정해놓았단다. 그래서 그들은 그다지 힘들이지 않고도 잘 살 수 있고 동시에 자연의 자산(물고기, 새, 식물) 또한 온전히 그리고 영원히 지켜낼 수 있었지.

그러나 영국의 식민 통치자들이 찾아와서 토지를 빼앗고 시장 경제의 잔인한 법칙 아래에 그들을 세워두자, 100년도 채 안 되어 숲의 5분의 3이 사라져버렸어. 오늘날 오스트레일리아 대륙은 광산 때문에 심각한 상처를 입고 지나친 농경으로 척박해졌으며 강바닥은 말라버렸고 잔뜩 먹은 소금기 때문에 땅속까지 부식되었으며 눈부시게 아름답던 북쪽 대륙의 산호초는 그 수가 엄청나게 줄었단다. 유럽과 아메리카에서처럼 오직 교환가치만을 기준으로 삼는 시장사회는 지구에 종말이라는 형벌을 내린 거야.

왜 이렇게 되었을까? 산불의 예는 우리가 환경의 가치를 노골적이고 범죄적으로 경시하는 사회에 살고 있음을 분명하게 보여주지. 나무 한 그루 또는 미생물 하나가 아무런 교환가치도 없다면, 오직 시장 논리로만 생각하는 우리 사회는 생명에 대해 무한정한 가치를 지닌 지구의 자산이 아무 가치도 없는 것처럼 행동할 거야. 이와 함께 사회 구성원들에게 지구상의 자연의 균형을 유지하는 데는 실제적인 의미에서건 비유적인 의미에서건 단 한 푼도 내지 말라고 강요하는 거야.

산불의 예에 덧붙여 송어가 사는 강을 예로 들어보자. 우리가 송어를 한꺼번에 모두 잡아버리면 송어는 영원히 사라져버리겠지. 하지만 송어를 조금씩만 잡으면 송어는 언제나 거기 남아 있을 거야. 송어는 해마다 번식할 것이기 때문이지. 인류 공동체는 깨지기 쉬운 강의 균형을 유지하기 위해 관습과 풍속에 따라 물고기를 잡아왔어. 그런데 이런 관습과 풍속을 따르지 않고 교환가치와 이윤 논리만 따지는 시장사회의 법칙에 따라 물고기를 잡게 되면 무슨 일이 벌어질까?

송어 한 마리당 교환가치를 5유로라고 하자. 어부가 오직 이윤만을 노린다면, 송어의 교환가치가 송어를 잡는 비용보다 조금이라도 더 높다면 어부는 매일 송어를 잡을 거야. 여기에서 비용이란 무엇일까? 어부가 송어를 잡는 데 필요한 시간의 교환가치, 이것이 비용이겠지. 어부가 이웃에 있는 공장에서 일을 하면 시간당 10유로를 벌 수 있다고 치자. 그러면 어부는 물고기를 잡을 때 시간당 10유로를 잃는 셈이지. 송어 낚시가 공장 노동보다 더 나은 일이 되려면 어부는 한 시간에 적어도 송어를 두 마리 이상 잡아야 할 거야.

한 번이라도 물고기를 잡아본 사람들은 알겠지만, 잡을 수 있는 물고기의 수는 물고기를 잡는 사람들의 수와 물고기를 잡는 구역의 넓이에 반비례해. 간단히 말해 강에서 물고기를 낚는 어부가 한 사람밖에 없다면 30분만 투자해도 송어를 제법 많이 잡을 수 있겠지. 그저 낚시를 물속에 던져 넣기만 해도 손바닥 뒤집듯이 쉽게 송어 대여섯 마리는 걸려드니까. 그러나 물고기를 많이 잡을수록 그리고 어부의 수가 많을수록, 다음 물고기를 잡기는 그만큼 더 어려워져. 낚을수록 점점 줄어드는 물고기의 수에 비해 송어를 잡는 어부가 많기 때문이야.

그런데 어부들이 모두 어부 조합에 가입해서 각자 하루에 한 시간씩만 물고기를 잡자고 합의한다고 해보자. 그러고 나서 예를 들어 함께 송어 200마리를 잡은 다음, 200마리를 서로 나누어

갖자고 추가로 합의할 수도 있겠지. 그러나 시장사회에서는 각자 따로따로 서로가 서로에 맞서서 작은 기업가처럼 행동하잖아. 그래서 어부들은 각자 혼자서 한 시간에 잡는 송어의 수가 두 마리 이하로 떨어질 때까지는 계속해서 낚시를 할 거야(기억을 더듬어보자. 송어 한 마리는 5유로의 교환가치를 지녔으며 어부의 노동 시간당 비용은 10유로다. 그러므로 어부가 시간당 송어 두 마리 이상을 잡으면 송어 낚시의 시간당 이윤은 올라가). 그러나 어부들은 하루에 한 시간이 아니라 열 시간이라도 일할 수 있지.

어부들이 많이 달려들었기 때문에 처음에는 어획량이 매우 많을 수 있어. 그러나 송어의 수는 금세 줄어들겠지. 얼마 안 있어 강에는 송어가 조금밖에 남지 않게 되고, 매우 많은 어부가 매우 긴 시간 동안 낚시질을 해도 모두 합해 200마리에 훨씬 못 미치는 송어를 잡게 될 거야. 이렇게 되면 정말 의미가 없어지겠지. 각자가 하루에 한 시간씩만 낚시질을 했다면 어부들은 송어 200마리를 잡았을 거야. 더 중요한 것은 강에 송어가 충분히 많이 남아 있어서 이 송어 낚시가 매일 끊이지 않고 계속되었을 것이라는 점이야. 그러나 각자가 자기 이윤만을 좇는다면, 모두 매일 더 많은 시간을 일하면서도 더 적은 수의 송어를 잡게 되고 결국 송어는 모두 사라져버리겠지. 그리고 이와 더불어 자기의 개인적인 이윤마저도 동시에 사라져버릴 거야!

우리가 시장사회의 법칙을 현명하고 숭고한 것으로 아무런 불평 없이 받아들이면 이런 일이 발생해. 우리에게는 파우스트와 프랑켄슈타인의 운명을 맞을 위험뿐만 아니라, 이스터 섬 원주민의 비극을 되풀이할 위험도 있어. 게다가 이번에는 전 지구상으로 확대되는 비극이야.

송어의 사례는 빙산의 일각에 지나지 않아. 강에서 거의 모든 물고기가 사라질 때까지 물고기를 잡고자 하는 개인적인 의도를 어부가 갖고 있듯이, 지구가 인큐베이터처럼 따뜻해질 때까지 (기업들로서는 오염이 아무런 부정적 교환가치가 없기 때문에) 산업은 환경을 오염시키고 운전자들은 길을 자동차로 채우며 지주들은 나무를 베어 집을 짓지. 그리고 인류 전체는 각자 이산화탄소를 공기 중에 뿜어내고.

고대 그리스에서는 공공(그리스 말로 '코이네')의 복지라는 개념을 생각하지 않고 거부하는 사람들을 이디오테스(개인)라고 불렀어. 고대 그리스인들을 존경했던 18세기 영국의 학자들은 무언가를 모르는 사람들을 이디오트(바보)라고 불렀지. 이런 의미에서 시장사회는 우리를 바보로 만들었어. 자기가 살고 있는 행성을 파괴하는 멍청한 바이러스로 만들었지. 우주선의 산소에 독을 뿌리면 자기에게 유리할 것이라고 믿는 멍청한 우주 비행사로 만든 거야.

개인적 이해관계와 지구적 이해관계

개인적 이해관계와 지구적 이해관계가 서로 '화해'할 수 있을까? 물론 화해할 수 있어! 애버리지니는 이 일을 멋지게 해냈지. 상대적으로 물고기를 덜 잡고 사냥을 덜 했지만, 수확량을 넉넉하게 거두었단다. 그렇게 해서 그들은 아주 오랜 옛날과 신들에 대한 이야기를 들려주는 의식을 치를 수 있는 자유로운 시간을 벌었어. 개인으로서든 공동체로서든 그들은 매우 훌륭하게 자연과 조화를 이루며 사는 법을 알았던 거야.

시장경제가 등장하기 전까지는 유럽도 그랬어. 오스트레일리아보다 인구밀도가 훨씬 더 높았지만 유럽 주민들은 자연이 살아남을 수 있을 만큼의 공간을 자연에 할애했어. 지구에 파괴적인 길을 연 것은 전반적인 상업화, 토지의 사유화, 실제가치에 대한 교환가치의 승리, 공공의 복지에 대한 개인적 이윤의 우세였어. 지구를 구한다는 것은 우리에게 매우 중요해. 해결책은 분명히 공동으로 결정하고 행동하는 인간의 능력을 되찾는 거야. 인간이 더는 '멍청이가 되는 것'을 멈추는 거지.

생각할 수 있는 해결책 하나는 특정 물건이 교환가치 때문에 시장에 나오는 것을 막는 거야. 예를 들어 하루에 한 시간 이상은 송어를 잡지 못하도록 할 수 있어. 교환가치와는 상관없이 국가 소유의 숲을 우리 모두의 매우 소중한 재산으로 보호할 수도 있을 거야. 하지만 여기에는 커다란 문제가 있어. 기계가 지치지도 않고 교환가치 생산에 몰두하고 있고 극소수 주민을 대표하는 기계 소유주만이 이득을 보는 우리 사회를 어떻게 이 집단적 책임과 조화를 이룰 수 있게 만드느냐 하는 거지.

답은 인간 각자의 이해관계에 달려 있어. 토지나 기계 소유주가 아니면 이렇게 말할 거야. "가장 좋은 해결책은 기계로부터 이익을 얻는 소수의 독점을 끝내는 것이다. 그리고 지구의 생산력이 어떻게 활용되어야 하는지 멋대로 결정하는 그들의 절대권력도 끝내야 한다."

이런 독점권에 제한을 가할 수 있는 방법은 아주 많아. 오염에 제한을 둘 수도 있고, 토지를 경작할 때도 제한을 둘 수 있으며, 바다나 강에서 물고기 잡이를 할 때도 제한을 둘 수 있고, 지구온난화를 촉진하는 온실가스 배출에 제한을 둘 수도 있어. 또 토지나 원료, 기계에 대한 소유권을 다시 분배하는 방법도 있지. 개인(이디오테스)이 아니라, 지구와 자기 자신에게 인류가 입힌 피해에 대해 집단적 의식을 지니고 있는 인류 공동체가 토지나 원료, 기계의 소유자이자 관리자가 되는 방법이야.

이와는 반대로 토지와 기계를 많이 소유하고 있는 소수에 속하는 사람이라면 이런 생각에 전혀 귀를 기울이지 않을 거야.

이러한 변화가 자신의 힘과 부, 권력이 줄어든다는 것을 의미하기 때문이지. 이 사람은 이렇게 요구할 거야. "환경오염과 무분별한 자연 파괴에 제한을 두고 싶다면 국가가 나서야 한다." 그런데 여기서 무슨 뜻으로 국가라는 단어를 사용했을까? 이 사람이 순전히 공공의 복지를 표현한 것일까? "아니!" 그는 이렇게 소리를 지를 거야. "국가는 국가를 관리하는 정치인이나 관료들의 이해를 위해 봉사한다. 그러므로 다수 또는 지구의 이해와는 절대로 같지 않다." 이런 사람은 '자기' 재산을 절대 내놓으려 하지 않을 거야. 그리고 다른 사람들이 그럼 지구를 구하려면 어떻게 해야 좋겠느냐고 그 사람에게 물으면 이렇게 대답하겠지.

더 나은 시장을 만들자!

소수의 이해관계를 대변하는 사람은 토지나 자기 기계의 소유권을 다수에게 넘겨주지 않으려고 이렇게 말할 거야.

"시장사회가 지구의 천부적인 부를 제대로 다루지 못하는 것은 이 부가 오직 실제가치만 있을 뿐 교환가치는 전혀 없기 때문이야. 이미 불타버린 아름다운 숲이 그 좋은 예지. 숲은 누구의 것도 아니야. 모두의 것이지. 누구도 거기에서 교환가치, 즉 돈을 벌 수는 없어. 그래서 시장사회의 구성원인 우리는 숲을 쓸모없는 것이라고 생각해. 강에 있는 송어에 대해서도 같은 말을 할수 있어. 송어는 누구의 것도 아니야. 그래서 어떤 어부든 자기가잡고 싶은 만큼 송어를 잡을 수 있어. 그 결과, 강에는 금세 송어가 한 마리도 남지 않게 되지. 환경 또한 마찬가지야. 환경은 누구의 것도 아니지. 그래서 환경이 오염될 때까지 누구나 환경을더럽혀. 국가가 전부를 관리하는 것은 의미가 없어. 국가는 믿을수 없는 정치인과 관료들의 손아귀에 있기 때문이야. 그래서 나는 다음과 같은 해결책을 제시하고 싶어. 그냥 나에게 모든 것을줘! 숲과 강, 그리고 환경까지. 내가 이 모든 것을 얼마나 멋지게관리하는지 금세 알게 될 거야!"

이 말은 매우 불합리하게 들리지? 공동체의 한 개인이 지구에 대한 거의 모든 소유권을 달라고 요구하다니. 이런 요구가더 나쁜 것은 이 요구에 이성적인 토대가 없지 않다는 거야. 사실이 그래. 강과 강물에서 헤엄치는 모든 송어가 한 사람 것이라면 그 사람은 강을 지키고 강에서 물고기를 잡으려는 사람들에게 입장료를 달라고 요구할 거야. 그리고 정해놓은 경계선을넘어오는 사람들에게는 벌금 폭탄을 퍼붓겠지. 환경과 숲도 이사람은 똑같이 관리할 거야. 환경과 숲이 한 사람 것이라면 그 사람은 환경과 숲을 이용하는 사람들에게 돈을 달라고 요구할 거야. 회사들에 오염물을 배출할 권리를 주고 얼마간의 돈을 내야 한다고 요구할 수도 있어. 숲에서 소풍을 즐기려는 가족에게는 입장료를 내야 한다고 요구할 수도 있겠지. 이런 식으로 사용법이 적당히 정해지면 지구는 안도의 한숨을 내쉴 수도 있을 거야.

그러나 이 경우 커다란 문제가 하나 있어. 이런 방식이 토지가 (거기서 기르던 가축과 곡식 그리고 인간과 함께) 영주의 소유였던 봉건제 방식과 무슨 차이가 있을까? 시장사회 이전에는 자연이 오늘날과 달리 그다지 심하게 고통 받지 않았다는 것은 맞는 말이야. 하지만 이 말이 우리가 지구를 구하려면 봉건시대 또는 일인 지배 체제로 돌아가야 한다는 뜻일까? 분명히 그렇지 않아. 그래서 국가가 토지와 원료 사용권을 빼앗아 가는 것을 용납하지 못하는 사람들은 다음과 같은 주장에 이르게 되지. 강과 숲, 환경을 한 사람에게만 넘겨주지 않고, 이것들을 작게 '조각내서' 전문 시장에 내놓아 수천만 명의 잠재 고객에게 팔 수도 있다는 거야.

그런데 숲이나 환경을 어떻게 작게 조각낼까? 주식을 발행하면 되지. 그러면 주식을 가진 사람은 저마다 강의 일부를 소유하는 셈이 되는 거야. 이렇게 해서 나무와 강, 그리고 자연 전체에 갑자기 소유자가 생기고 (주식의 가치에 따라) 교환가치를 갖게 돼. 자연을 누가 지배할 것인가는 생각하지 않아도 되는 거지. 주식 소유자만큼이나 많은 소유자가 있거든.

간단히 말해 이 요구는 자연의 부를 사고파는 시장을 만들기 위한 영리한 방법을 찾아보자는 거야. 이런 틀 안에서는 교환가치의 승리가 최고조에 달하게 되겠지. 이렇게 하면 우리가 들이 마시는 산소 또한 가격을 갖게 되고, 공짜 물건으로 낭비될 위험으로부터 보호받을 수 있기 때문이야.

부정적인 상품을 파는 시장

시장사회는 양털이나 소금, 석탄, 철, 식품 같은 물건들의 교환가치라는 토대 위에 서 있단다. 다이아몬드나 토마토의 실제가치를 교환가치에 따라 구분해보면, 적어도 두 가치가 긍정적이라는 것을 알 수 있어(그리고 특정한 사람들이 다이아몬드나 토마토를 얼마나 많이 사랑하느냐에 따라 이들의 가격 또한 긍정적이지).

지구를 구하려면 환경과 강, 숲을 개인 재산으로 만들어 교환가치의 영역을 확대해야 한다는 주장은 기술적인 문제에 부딪히게 돼. 무언가 나쁜 것, 예를 들어 공장 폐수나 자동차 배기가스 같은 것이 어떻게 긍정적인 교환가치를 가질 수 있단 말이야? 도대체 누가 자기를 해치는 그런 물질을 사려고 하겠어? 아무도 갖고 싶어 하지 않는 해로운 물질에 교환가치를 부여하는 시장을 어떻게 만든단 말이야? 원래 이런 교환가치, 이러한 가격은 부정적일 수밖에 없어. 그러니까 이런 해로운 물질을 가져가는 사람은 대신에 무언가 보상을 받아야 하겠지. 사회는 온실효과를 일으켜서 이상기후를 초래하는 이산화탄소를 '가져가는' 사람에게 보상해주어야 할 거야. 문제는 돈을 준다면 모를까 아무도 환경을 파괴하는 메탄가스나 이산화탄소 배출을 위한 주식은 가지려 들지 않는다는 거지!

이런 부정적인 물질에 교환가치를 부여하는 유일한 방법은 국가가 개입하여 배출가스 등의 부정적인 가치를 긍정적인 가치로 바꾸어주는 거야. 예를 들어 국가가 개인에게 유해 가스를 몇 톤 배출할 권리를 인정해주고, 또 생산을 위해서 몇 톤 이상의 유해 물질을 배출할 수밖에 없는 다른 개인에게 이 배출권을 팔수 있도록 허용해주면, 이런 유해 가스를 사고파는 시장, 즉 배출권 시장이 만들어지겠지. 그럼 이 시장에서 유해 물질을 많이 쏟아내는 자동차 회사와 에너지 기업은 다른 기업으로부터 몇 톤 가운데 꼭 필요하지 않은 몇 톤에 대한 배출권을 구입할 수 있을 거야.

이렇게 환경을 오염시키는 회사들이 다른 비용(임금, 원료비 등)을 치르듯이 값을 치름으로써 유해 가스에도 가격이 매겨지게 돼.

이것은 매우 거창하고 독창적인 아이디어처럼 보이지? 그러나 여기에는 어떤 문제가 있는지 찬찬히 살펴보아야 해. 무엇보다 환경 문제를 시장 중심으로 해결하려는 이유는 특정 세력이 국가를 믿지 못하기 때문이야. 그래서 이 모든 것은 전혀 말이 안 돼. 그리고 바로 그렇기 때문에 이 방법은 완전히 틀렸어. 이 방법은 국가가 지속적으로 개입해야 한다고 요구하고 있기 때문이야. 유해 물질을 아주 조금밖에 배출하지 않는 회사더러 어떻게 몇 톤 이상의 유해 물질을 배출할 권리를 사라고 강요할 수 있겠어? 오직 국가만이 기업, 농업, 어업, 공장, 기차, 자동차 등 모든 것을 통제할 수 있어. 그리고 개인당 배출량을 얼마나 허용할지 누가 정해야 할까? 이것 또한 국가만이 할 수 있지. 그런데 이 특정 세력은 환경이나 강, 숲을 사유화하려고 하지 않아. 이들이 기본적으로 국가에 반대하는 입장을 취하기 때문이 아니야. 이들은 자기의 소유권이 줄어들 때만 국가의 개입에 반대한단다. 자기들에게 소유권을 더 많이 줄 때만 국가의 개입이 그들에게 의미가 있는 거야.

평소에는 다른 이야기도 많이 했지만 이 책에서는 다른 이야기
는 하지 않고 경제에 관해서만 이야기하기로 약속했었지? 그래
서 지금까지 정치나 민주주의 등에 대해서는 이야기하지 않았
어. 그런데 이제 어쩔 수가 없구나. 민주주의의 이념에 대해서 이
야기할 수밖에 없겠어. 이유는 정말 간단해.

　방금 이야기했듯이, 시장경제로부터 지구를 구하는 데는 국가
의 역할이 정말로 중요하기 때문이야. 국가는 두 가지 가운데 한
가지를 해야 해. 시장과 개인 그리고 우리 각자가 마치 자기 것인
양 무분별하고 범죄적으로 탕진했던 자연의 부를 시민의 이름으
로 넘겨받아 관리해야 해. 아니면 부정적인 가치를 사고파는 인
위적인 시장을 만들어야 하지. 다시 말해 자연의 부를 사유화하
고 사용하는 양에 따라 값을 치르는 개인들에게 재산권을 넘겨
주어야 한다는 말이야.

　그런데 공적인 것을 사유화할 때는 문제가 이중으로 생겨. 첫
째, 그 과정이 기술적으로 매우 복잡하단다. 각자에게 얼마만큼
배출량을 허용해야 적절할지, 이 인위적인 시장에서 구체적인 배
출물에 대해 가격은 어떻게 정해야 할지, 그래서 기업가와 시민
이 인류와 지구에 가장 좋은 영향을 어떻게 미치게 할지, 국가가

어떻게 미리 합리적인 방식으로 이 모든 것을 결정할 수 있을까? 이런 것들은 비현실적으로만 느껴지지. 시장은 부정적인 가치를 다루는 곳이 아니야. 사람들은 상품을 보고 제대로 기능하기만을 바라잖아(그리고 노동시장과 화폐시장을 다룬 장에서 이미 살펴보았듯이 늘 제대로 기능하는 것도 아니지). 우리가 지구의 민감한 자원을 사용할 때 규정을 두고 경계를 정하고 한계를 설정하라고 국가에 요구하는 것이 훨씬 더 합리적이야. 아주 간단해.

천연자원을 사유화할 때 생기는 두 번째 문제는 민주주의 문제와 직접 관련이 있어. 설명하자면 이렇게 돼. 민주주의와 마찬가지로 시장에서도 선거를 해. 가령 내가 아이스크림 하나를 산다면 그건 내가 특정 브랜드, 특정 상품에 투표를 하는 것과 마찬가지야. 특정 브랜드의 아이스크림을 사는 사람이 아무도 없다면 아이스크림 회사는 그 아이스크림 생산을 중단할 거야. 너 같은 아이들이 돈을 들고 그 아이스크림에 '표를 던진다'면 아이스크림 회사는 그 아이스크림 생산을 늘릴 거야. 선거에서도 똑같은 일이 일어난단다. 선거에서 한 정당 또는 특정 후보가 더 많은 표를 얻을수록 그 정당이나 그 후보는 정치 무대에서 더 큰 힘을 발휘할 수 있겠지.

그렇다면 민주주의와 시장의 차이는 어디에 있을까? 민주주의에서는 평등을 보장하기 위해 누구나 한 표만을 행사할 수 있는 데 비해, 시장에서는 각 개인이 몇 표를 행사할 수 있느냐 하는 것은 개인의 부에 달려 있어. 유로나 달러, 파운드, 엔을 많이 갖고 있을수록 그 사람이 시장에 미치는 영향력은 커지지. 예를 들어 어떤 주식회사에서 51퍼센트 이상의 주식을 갖고 있는 사람은 자동적으로 절대적인 다수가 된단다. 절대 군주가 되는 거야. 그래서 무엇 때문에 지구의 힘 있는 자, 가진 자, 부자가 천연자원을 사유화하는 데 찬성하는지 이유를 알 수 있을 거야. 이들은 주식의 대부분을 살 수 있는 힘이 있고, 그래서 혼자서도 지구의 미래에 대해 결정을 내릴 수 있는 힘이 있기 때문이지.

이렇게 반론을 제기할 수도 있을 거야. "그것이 무슨 의미가 있지? 결국 우리는 모두 같은 행성 위에 살고 있는데. 우리가 타고 있는 지구라는 우주선에 좋지 않은 일이 생기기를 부자들이라고 해서 바랄 이유가 없잖아?" 다음과 같은 예가 답이 될 수 있을 거야.

우리 인류는 온실가스를 강력하게 줄일 수도 있고, 얼음이 녹도록 내버려둘 수도 있어. 그래서 해수면이 올라가 방글라데시나 몰디브처럼 언덕과 산이 없는 나라의 해변에 사는 수백만 명의 사람들이 집을 잃게 놓아둘 수도 있지. 환경이 사유화되었다고 가정해보자. 온실가스의 주식을 소유한 사람들로서는 해수면이 올라가더라도 자기들한테는 아무런 영향이 없을 만큼 높은 위치에 있는 빌라를 사는 비용보다 온실가스를 줄이는 비용이 훨씬 더 높아. 그럼 겨우 한 표만을 행사할 수 있는 평범한 시민이 아니라 환경 주식을 많이 보유한 대주주들은 당연히 온실가스 생산을 줄이지 않는 쪽에 투표할 거야. 몇백만 명이나 되는 인간 동료들의 집과 논밭이 바닷속에 잠기든 말든 말이야.

이런 점에서 나는 주주들의 투표가 평등한 시민들의 투표와는 달리 지구를 지켜주지 못할 것이라고 주장하고 있어. 우리의 민주주의는 종종 눈살이 찌푸려질 정도로 불완전하고 썩어 있으며, 약자와 우리의 불안정한 환경에 대한 범죄 행위를 눈감아주고 있다는 것을 너도 잘 알 거야. 하지만 우리를 지구상의 멍청한 바이러스로 머물지 않도록 해주는 유일한 방법이 여전히 민주주의라는 것은 부인할 수 없는 사실이야. 민주주의는 스미스 요원의 말이 틀렸다는 것을 입증할 수 있는 우리의 유일한 희망이란다.

8장

정치적인
화폐의 관리

시장경제는 사회 구조를 지탱하는
교환 형태의 하나이지만 늘 가장 좋은 형태이거나
가장 매력적인 형태는 아니라는 사실이야.
한 가지는 확실해.
시장사회에서는 시장경제가
너무나 큰 힘을 갖게 되고 동시에 너무나 많은 부와
말할 수 없이 큰 불행,
엄청난 불평등 그리고 재난에 가까운
위기를 만들어낸다는 거야.

전쟁 포로와 차익 거래

제2차 세계대전 때, 독일 정부는 서구 출신 전쟁 포로만 보호해 주었어. 물론 유대인들은 몰살당했고, 슬라브계 병사와 집시는 보호 대상이 아니었단다. 영국, 캐나다, 미국, 프랑스 출신의 전쟁 포로는 제네바 협정에 따라 보호를 받았지.

영국군 장교 리처드 래드퍼드는 1941년에 독일군에 붙잡혔어. 그는 서구 출신 전쟁 포로를 위한 수용소에 수용되었다가 그곳에서 전쟁이 끝날 때까지 있었지. 그는 훗날 포로수용소에서 목격했던 아주 흥미로운 경제체제에 대한 글을 썼어.

포로수용소에서 국적이 서로 다른 전쟁 포로들은 각각 다른 막사에서 살았어. 포로들은 막사들 사이를 보통은 자유롭게 왕래

할 수 있었지. 모든 공식적인 전쟁 포로에게 그랬듯이 (스위스에 있는 본부에서 나온) 적십자사가 포로들의 생활 조건을 감시했고, 정기적으로 소포를 가져다주었어. 포로들은 식료품, 담배, 커피와 차 조금 그리고 가끔 초콜릿 등을 소포로 받았단다.

포로들에게는 적십자사의 소포가 오는 날이 축제일이었어. 래드퍼드에 따르면, 포로들은 모두 같은 분량을 받았는데 각자 좋아하는 품목이 서로 달랐다고 해. 포로들 사이에서 체계적으로 물건을 교환할 수 있는 조직을 만들면 이윤을 얻을 수 있겠다는 것을 처음 알아차린 이들은 몇몇 영리한 프랑스 포로들이었어. 이들은 프랑스 포로는 보통 커피를 좋아하고 차에는 별 가치를 두지 않았지만, 영국 포로는 대부분 차 없이는 못 산다는 사실을 이용할 수 있겠다고 생각했지.

적십자 소포가 올 때마다 노련한 프랑스 장사꾼들은 같은 프랑스 포로들에게 커피를 주겠다고 약속하고서 대신 차를 빌려갔어. 그러고는 영국 포로들 숙소로 가서 차를 커피와 바꾸었지. 그리고 다시 커피를 주겠다고 약속한 프랑스 동지들에게 건넸단다. 그들은 왜 이런 행동을 했을까? 이런 서비스를 해주고 자기 몫으로는 차 또는 커피에서 약간의 수수료를 받았던 거야. 이 수수료가 5퍼센트였다고 가정해보자.

프랑스 장사꾼들이 한 이런 행동을 경제학에서는 차익 거래라고 해. 무언가를 더 싸게 사서 더 비싸게 판다는 뜻이야. 이 수용소의 사례로 보면 노련한 프랑스 포로들은 자기 동포에게 차를 빌리고 대신 돌려준 커피보다 영국 포로들에게서 실제로 더 많은 커피를 받았어. 영국 포로들에게 판 것보다 자기 동포에게서 더 싸게 (5퍼센트 더 싸게) 산 거지. 이렇게 하면 그들에게는 5퍼센트의 이윤(교환가치)이 남아.

더 많은 장사꾼들이 이 거래에 뛰어들자 장사꾼들끼리 경쟁도 점점 더 심해졌단다. 그리고 그만큼 이윤율은 더 떨어졌지. 예컨대 뒤늦게 시장에 참가한 파스칼이 (다른 장사꾼에게는 주지 말고) 자기에게만 차를 달라고 포로들을 설득하고자 하면 파스칼은 그들에게 같은 양의 차를 받고서도 다른 장사꾼보다 더 많은 양의 커피를 제공해야 했어. 그러자 (그램으로 표시되는) 차의 가격은 올라가고 이윤은 낮아졌단다.

이렇게 해서 래드퍼드의 포로수용소에서는 중개자들 사이, 장사꾼들 사이의 경쟁이 줄어들었어. 차익 거래가 벌어지는 공간인 거대한 세계 주식 시장도 이와 마찬가지야.

교환가치를 측정하는 단위, 담배

물건 교환은 금세 다른 물건으로까지 확대되었어. 그리고 거의 모든 전쟁 포로가 이 자연 발생적인 국제시장에 참여하기 시작했지. 각자 수용소의 열악한 상황이 만들어낸 이 시장에서 가능한 한 많은 이득을 얻으려고 노력했단다.

거래가 활발해지자 제각각이었던 가격이 금세 안정을 찾았어. 처음에는 각자가 따로따로 장사를 했지. 어떤 이는 초콜릿 한 판을 커피 10그램과 바꾸었고, 어떤 이는 초콜릿 한 판을 커피 15그램과 바꾸었어. 그러나 전체 수용소에서 가격은 매우 빨리 어느 정도 비슷해졌단다.

이렇게 교환가치 또는 이에 상응하는 가격이 같아지는 데는 막사 입구에 글로 쓴 광고문도 한몫을 했지. 예를 들면 이런 식이었어. "초콜릿 10판에 커피 100그램 판매." 이렇게 해서 모든 사람이 거래 가격을 알 수 있게 되었단다. 오늘날 주식 시장에서 블룸버그* 모니터를 보면 실시간으로 주식과 채권의 시세 등을 모두 알 수 있는 것과 마찬가지였어. 모두가 가격을 알 수 있었고

....

*금융 시장의 뉴스와 데이터, 분석 정보 등을 알려주는 미국의 미디어 그룹. 전 세계의 고객에게 전용 단말기를 통해 정보를 제공한다.

누구나 가장 낮은 가격에 물건을 사려 했기 때문에, 물건의 가격은 국적과 '빌린 사람'의 기호와 상관없이 모든 막사에서 같은 수준으로 안정이 되었던 거야.

매우 다양한 상품들이 거래되었기 때문에 이 사업은 점점 더 복잡해져갔어. 예를 들어 한 캐나다 포로가 커피 100그램과 초콜릿 10판을 바꾼다고 치자. 그런데 커피를 원하는 프랑스 포로에게는 초콜릿이 없어. 그러면 이렇게 말할지도 모르지. "나는 커피를 원하는데 너에게 초콜릿을 줄 수가 없구나. 하지만 나에게는 차가 있고 G5 막사의 스코틀랜드 친구를 하나 아는데, 그 친구에게 차 15그램을 주면 초콜릿 한 판을 줄 거야. 그러니까 내가 너에게 차 150그램을 주면 내게 커피 100그램을 줄래?" 처음에는 이런 식으로 진행되었어. 그러다 곧 중요한 변화가 일어났지. 거래를 단순하게 만들 화폐 단위가 생긴 거야.

날개 돋친 듯이 잘 팔리는 물건 가운데 하나는 물론 담배였어. 흡연자들은 (니코틴에 대한 의존성 때문에) 담배를 얻기 위해서라면 꼭 필요한 물건 말고는 무엇이든 다 내주었지. 비흡연자들 역시 자기 몫으로 담배를 받았지만 담배가 필요 없었기 때문에 흡연자들에게 초콜릿이나 식료품 등을 받고 담배를 내주었어. 담배는 오직 흡연자들에게만 실제가치가 있었지만, 이렇게 해서 모든 사람들에게 똑같은 교환가치를 갖게 된 거야.

교환가치와 이에 해당하는 가격을 측정하는 단위로 담배가 선정되는 것은 수용소 전체에서 시간문제에 지나지 않았어. 잠재적인 커피 구매자가 초콜릿을 가지고 있지 않고 같은 가치를 지닌 다른 물건을 가지고 있다면, 무엇 때문에 판매자가 초콜릿 한 판을 얻기 위해서 커피 10그램을 제공하겠어? 잠재적인 커피 구매자는 차를 갖고 있을지는 모르지만, 커피 판매자는 차를 원하지 않을지도 모르잖아. 커피 판매자가 다른 상품을 단위로 하여 커피의 가격, 즉 교환가치를 매기는 것이 훨씬 더 간단했지. 그런데 이를 위해서는 그 다른 상품이 다음과 같은 조건을 모두 충족해야 했어.

1. 오랫동안 보관할 수 있어야 한다(빵처럼 말라버리거나 하지 않아야 한다).
2. 쉽게 운반할 수 있어야 하고 공간을 많이 차지하지 않아야 한다.
3. 명확하고 간단하게 측정할 수 있는 단위여야 한다.
4. 전체 포로수용소 내부에서 (상대적으로 양이 많지 않아서) 안정된 교환가치를 갖고 있어야 한다.

이런 조건을 모두 충족시키는 상품이 무엇일까? 물론 담배였지. 세계의 모든 교도소에서 비공식적인 화폐 단위로 담배가 쓰이는 것은 우연이 아니야. 래드퍼드에 따르면 담배는 암을 유발하는 단순한 상품에서, 교환가치가 실제가치 및 사용가치를 능가하는 특별한 상품으로 탈바꿈했어. 이제 담배는 세 가지 경제적 속성을 갖게 되었단다.

1. 담배는 니코틴 제공자였다(건강을 해치기는 하지만 흡연자들에게 실제가치와 사용가치를 선물했다).
2. 담배는 지불 수단으로 그리고 간단한 가격 비교 수단으로 기능했다.
3. 담배는 포로들에게는 '부'를 축적하는 수단이었다.

마지막 속성은 한 상품이 화폐 단위로 승격되면 경제 체제의 성격에 급격한 변화가 일어난다는 사실을 알 수 있게 해준단다. 그 이유는 간단해. 한 상품이 화폐 단위로 발전하기 이전에는 사람들이 물물교환이라는 것을 하지. 네가 나에게 커피를 주면 나는 너에게 차를 주는 식이야. 물물교환에서는 구매와 판매가 (양쪽이 서로에게 무언가를 판매하는 순간) 동시에 이루어져. 그러나 래드 퍼드가 있던 포로수용소의 담배처럼 한 상품이 화폐 단위로서 기능을 하는 경제 체제에서는 구매와 판매가 동시에 이루어지지 않아. 여기서는 지불 수단인 담배를 주고 비흡연자에게서 쉽게 커피를 살 수 있어. 비흡연자도 받은 담배를 곧바로 소비하지는 않지. 비흡연자는 나중에 뭔가를 사는 데 쓰려고 담배를 보관해놓을 수도 있고, 다른 사람에게 이자를 받고 빌려줄 수도 있어. 이렇게 받은 담배는 저축 수단으로, 교환가치의 축적 수단으로 쓰이게 되는 거야.

이것이 왜 그렇게 중요할까? 경제에 화폐가 도입되면 새로운 가능성이 많이 열리기도 하지만 수많은 위험도 함께 닥치기 때문이야. 방금 말한 저축을 할 수 있다는 것은 새로운 가능성 가운데 한 예지. 누군가 저축을 할 수 있다면 그는 동시에 빌려줄, 다시 말해 부채를 만들 가능성도 갖게 되는 거야. 위험의 예로는 나중에 더 큰 거래를 하기 위해서 담배를 모아놓은 포로를 생각해보면 돼(저축의 예). 적십자가 갑자기 전쟁 포로들에게 담배를 아주 많이 가져다주었다고 하자. 그럼 이제 담배가 그리 부족하지 않기 때문에 담배는 예전의 교환가치를 갖지 못하게 되잖아. 그래서 포로가 궁핍하다는 것은 이제 아무런 의미가 없어지지.

따라서 화폐를 만드는 것은 거래에는 도움이 되지만 화폐의 교환가치가 그대로 유지될 것이라는 신뢰나 믿음 또한 필요하다는 것을 알 수 있어. 화폐의 교환가치가 그대로 유지될 것이라고 시민들이 믿지 않으면 화폐 제도는 무너지고 말아. 그래서 시민들은 옛날부터 교환가치가 유지될 것이라는 믿음을 지켜줄 법적 토대를 요구했던 거야.

포로수용소의 인플레이션과 디플레이션

내가 네 나이였을 때, 절대로 이해할 수 없던 것이 하나 있었어. 나는 1,000드라크마(그리스에서는 유로 이전에 드라크마라는 단위를 사용했단다)짜리 지폐를 찍어내는 비용이 20드라크마라는 말을 들었어. 나는 이상하다고 생각했지. "20드라크마라는 비용이 든다면 어떻게 1,000드라크마의 가치를 가질 수 있을까?" 또, 내가 반밖에 이해하지 못했던 것은 그 지폐를 찍는 데 겨우 20드라크마의 비용밖에 안 드는데, 국가 말고는 아무도 그 지폐를 발행할 수 있는 권리가 없다는 것, 그리고 국가만이 지폐를 발행할 수 있기 때문에 20드라크마의 비용이 든 화폐가 1,000드라크마의 교환가치를 가질 수 있다는 것이었어. 이 수수께끼를 푸는 열쇠는 화폐의 교환가치와 실제가치 및 사용가치의 차이 그리고 화폐 발행에 대한 국가의 독점권에 숨어 있었지.

래드퍼드의 관찰은 나의 의문에 대해 훌륭한 답을 주고 있어. 적십자는 가끔 평소보다 많은 담배를 소포에 담고는 했지. 하지만 초콜릿이나 커피, 차는 그대로였어. 그러면 다음과 같은 일이 발생하지. 같은 담배 한 개비를 주고도 사람들은 평소보다 더 적은 양의 커피나 초콜릿, 차밖에 '사지' 못해. 여기에는 논리가 있어. 평소보다 더 많은 양의 담배가 수용소에 있는 전체 커피 및 차와 같은 값이라면, 담배 한 개비당 값은 평소보다 더 적은 양의 커피 및 차와 같겠지. 반대로 적십자 소포에서 나온 다른 물품에 비해 담배가 적을수록 담배 한 개비의 교환가치 또는 구매가치는 더 높아질 테고.

래드퍼드는 이런 맥락에서 다음과 같은 재미있는 이야기를 들려주었어. 어느 날 밤, 수용소가 있는 지역에 연합군 공군이 맹렬한 폭격을 퍼부었단다. 수용소 포로들은 자기들이 그 밤을 넘길 수 있을지 알 수 없었어. 다음 날, 담배의 교환가치는 어지러울 만큼 높이 뛰었지. 왜일까? 죽음의 공포에 사로잡힌 포로들이 폭탄 터지는 소리 속에서 끝날 것 같지 않은 밤을 지내면서 줄담배를 피웠기 때문이야. 다음 날 아침, 다른 물건에 비해 담배의 양은 심하게 줄어들어 있었어. 그래서 남은 담배의 교환가치는 훨씬 더 올라갔단다.

폭격은 간단히 말해 이른바 디플레이션을 야기한 거야. 디플레이션이란 전체 상품의 양에 비해 화폐의 양이 줄어들어 화폐 단위의 교환가치가 올라가는 현상을 말해. 이와는 반대로 화폐의 양에 비해 전체 상품의 양이 줄어들면 화폐 단위의 교환가치가 하락하는데, 이것이 이른바 인플레이션이야. 다시 말해 담배의 개비 수로 표현되는 다른 상품들의 가격이 모두 올라. 이에 반해 디플레이션이 찾아오면 담배의 개비 수로 표현되는 다른 상품들의 가격이 모두 내려가겠지.

이자, 포로수용소 화폐의 가격

1942년에는 전쟁이 어떻게 전개될지 전혀 예측할 수 없었어. 포로들은 집에 돌아가려면 몇 년이나 더 수용소에 있어야 할지 몰라 걱정이 많았어. 수용소에서 상품의 가격(담배의 개비 수)은 상대적으로 안정을 유지했고, 수용소의 원시적인 경제 체제는 포로들에게 신뢰감을 주었지. 이때, 더 강력한 상인 정신으로 무장하고 더 많은 부를 쌓은 포로들이 은행가 역할을 하기 시작했어. 커피가 떨어졌는데 커피를 더 사기에는 가진 담배가 부족한 사람들이 이들을 찾았지. 이들 '은행가'는 담배가 부족한 사람들에게 담배 10개비를 대출해주었어. 다음 달 적십자 소포가 오면 담배 12개비로 갚는 것이 조건이었지.

대출은 우정 관계를 넘어서 사업으로 둔갑했어. "내가 지금 너에게 담배 10개비를 줄게. 나는 담배를 포기하고 돌려받지 못할 위험도 감수하겠어. 그 대신 한 달 뒤에 20퍼센트의 이자를 받겠어." 빌리는 사람은 왜 이런 거래에 동의할까? 지금 당장 담배 한 개비도 못 갖고 다음 달에 12개비를 더 갖기보다는, 차라리 지금 당장 담배 10개비(또는 다른 물건)를 갖고 다음 달에 12개비를 덜 갖기를 원하기 때문이야.

이자는 식료품 가격에 따라 오르기도 하고 내리기도 해. 그런데 '은행가'가 자기 몫으로 챙기는 이자는 어떻게 정해질까? 예를 들어 빌려간 물건의 한 달 이자를, 20퍼센트에 해당하는 담배 2개비로 한다는 것은 어떻게 정해진 걸까? '은행가'가 50퍼센트 이자, 다시 말해 다음 달에는 담배 5개비를 더 달라고 요구했더라도 담배가 없었던 포로들이 동의했을까?

다음 달에는 수용소에 담배가 더 많이 들어올 것이라고 '은행가'가 예상한다면, 은행가는 받고자 하는 이자를 더 올릴 거야. 왜냐고? 다음 달에는 담배의 교환가치가 떨어질 것이라고 걱정하기 때문이지. 이렇게 해서 물건의 가격이 올라. 그래서 한 달 뒤에는 같은 양의 담배를 주고도 더 적은 양의 커피나 비스킷 등을 받게 되겠지. 즉, 인플레이션이 일어나는 거야. 따라서 은행가에게는 자기 담배를 당장 (담배가 가치를 잃기 전에 반드시) 다른 물건과 바꿀 이유가 더 생겨나게 돼.

인플레이션의 위험이 있는데도 불구하고 은행가가 자기 담배를 당장 다른 물건과 교환하지 않고 (한 달 뒤 자기에게 정해진 양을 갚을) 누군가에게 빌려줄 의도를 가지려면, 담배를 빌리는 사람은 다음 달에 그보다 더 많은 담배를 갚아주겠다고 약속해야 하겠지. 다시 말해 인플레이션 때문에 예상되는 담배의 가치 하락을 보상하기 위해 더 높은 이자를 지불하겠다고 합의해야 해.

그래서 이자가 얼마나 되느냐, 다시 말해 빌려간 돈에 대한 비용이 얼마나 되느냐 하는 것은 가격 수준, 즉 인플레이션 또는 디플레이션에 관해 어떻게 예상하느냐에 달려 있다는 것을 알 수 있어. 담배의 교환가치가 10퍼센트 줄어들 것이라고 (즉, 다른 상품의 가격이 10퍼센트 인상되는 인플레이션을) 예상한다면, '은행가'는 더 높은 이자를 달라고 요구할 거야. 처음에 그는 다음 달에 담배 12개비를 받기로 하고 담배 10개비를 빌려줄 용의가 있었지. 그런데 이제 사정이 달라졌어. 한 달 뒤에는 원래 생각한 것보다 담배 12개비의 가치가 줄어들 것이 분명해졌지. 그래서 이제 담배 10개비를 빌려주고 한 달 뒤에 13개비 이상을 갚으라고 요구하게 돼. 그때 가서 담배의 가치가 10퍼센트 떨어진다면, 20퍼센트였던 한 달 이자의 다음 달 구매가치는 겨우 10퍼센트(20-10=10)뿐이야. 그럼 실제 이자는 예상되는 가격 상승, 즉 인플레이션 때문에 (20퍼센트에서) 10퍼센트로 낮아지는 거지.

그러니까 '은행가'는 처음에는 담배의 구매가치가 한 달 뒤에 20퍼센트 인상될 것이라는 조건으로 담배를 빌려줄 용의가 있었는데, 10퍼센트 비율의 인플레이션을 예상하고 이제 더는 같은 이자(20퍼센트)를 받고는 담배를 안 빌려주려고 하겠지. 그렇다면 이자가 얼마여야지 은행가가 받아들일까? 그는 '고객'에게서 받는 담배가 한 달 뒤에 가치가 10퍼센트 떨어질 것이라고 알고 있어. 그렇기 때문에 이자는 30퍼센트여야 하지. 한 달 이자가 30퍼센트가 되어야만 실제 이자는 '30퍼센트 - 10퍼센트 = 20퍼센트'에 달하거든.

방금 말한 것으로부터, 이자는 인플레이션 시기에는 오르고 디플레이션 시기에는 내리는 경향이 있다는 결론을 내릴 수 있어. (지금 우리가 처해 있는) 위기의 시기에는 심지어 이자가 0으로 떨어질 수도 있지. 그러나 이자가 0이라고 해도 실제 이자는 플러스가 된단다. 예를 들어 가격이 10퍼센트 내릴 때, 이자가 0이라는 것은 다음을 뜻해. 빌리는 사람은 오늘 담배 10개비를 '은행가'로부터 빌리고 한 달 뒤 '은행가'에게 다시 담배 10개비를 갚아. 그러나 다음 달에 이 담배 10개비는 지금보다 더 높은 교환가치를 갖게 되잖아. '은행가'가 받은 이 오른 교환가치는 플러스가 된 실제 이자야. 여기에서 실제 이자는 명목상의 이자와 인플레이션 비율의 차이와 같지. 그래서 이자가 0퍼센트이고 디플레이션 비율이 10퍼센트라면 (즉, 인플레이션 비율이 -10퍼센트라면) 실제 이자는 0퍼센트 - (-10퍼센트) = (+10퍼센트), 즉 10퍼센트가 되는 거야.

그래서 위기의 시기에는 디플레이션 때문에 실제 이자가 결코

0이 될 수 없다는 것을 알 수 있어. 디플레이션이 올 것이라는 예상을 통해 위기가 더욱 심해지는 이유 가운데 하나가 바로 이거야. 위기가 닥쳤을 때는 이자가 0퍼센트인데도 이자 비용이 오르지. 그래서 기업가들은 투자를 위해 대출 받는 것을 꺼리게 되며 그 결과 위기는 더 심해지고 더 오래 지속된단다.

커다란 기대

우리가 어떻게 생각하든 무엇을 기대하든 아무런 관심이 없는 자연과는 반대로(날씨와 다른 자연 현상은 우리의 생각과는 아무런 상관없이 펼쳐지기 마련이니까), 경제에서는 우리의 기대가 결정적인 역할을 해. 방금 살펴본 래드퍼드의 전쟁 포로수용소는 앞에 나왔던 오이디푸스적인 시장과 더불어 이에 대한 좋은 사례야.

전쟁 관련 소식은 수용소의 교환 경제에 특별한 영향을 미쳤어. 포로들은 독일 경비병 몰래 자기들이 직접 만든 라디오를 통해 전쟁 소식을 접하곤 했지. 만약 라디오에서 독일군이 러시아로 행군하는 중이라는 소식을 들으면, 포로들은 앞으로도 오랫동안 수용소에 포로로 잡혀 있어야 한다고 예상했고, 그래서 물건의 가격은 안정되는 경향이 있었어. 그러나 전쟁이 끝날 기미가 보이고 자기들은 곧 석방되어 교환 경제도 끝날 것이라고 생각하면, 이자는 바닥으로 떨어졌지. 아무도 불확실한 미래에 투자하려 들지 않았거든. 다시 말해 다른 사람에게 빌려주기 위해 담배를 모으지는 않았던 거야.

마침내 전선이 독일 국경과 가까워지고 전쟁이 끝날 때가 되자, 적십자 소포 또한 중지되었어. 그래서 포로들은 모아둔 담배를 피웠고 많은 사람들이 '은행가'에게 진 부채 또한 연기 속으로 사라져버렸지(오늘날에는 이것을 '헤어컷*'이라고 부른단다). 그리고 수용소의 교환 경제는 무너졌어.

매우 비참하고 불확실한 조건에서는 화폐경제가 기능할 조짐조차 안 보인다는 것은 분명해. 붕괴할 것이라는 예상 하나만으로도 붕괴를 일으키기에는 충분하단다.

포로수용소 경제와 화폐경제의 차이

포로수용소나 감옥에서와 마찬가지로 이미 옛날부터 특정한 물

* 본래 '헤어컷haircut'은 '머리털을 깎는다'는 의미이지만 경제 분야에서는 '할인'이라는 의미로 사용된다.

건이 화폐 단위로 모습을 드러냈어. 화폐 단위는 상대적으로 오래가고 보관하기 쉬우며 수송하기도 쉬워야 했지. 화폐 단위는 자기가 갖고 있는 매력 속으로 사람을 이끄는 '화학적인' 성질이 있어야 했단다. 예를 들어 금처럼 다른 금속과 달리 녹이 슬지 않거나 담배처럼 중독성이 있는 니코틴을 함유하고 있어야 했어. 그 밖에도 상대적으로 희귀해야 했고, 교환가치와는 별도로 감옥의 담배나 반짝거려서 시선을 끌어당기는 금처럼 적지 않은 실제가치도 지니고 있어야 했단다.

이런 성질을 갖고 있는 물건은 대개 금속이었어. (금 이외에 발견되었을 당시에는 매우 드물었던 철과 같이) 희귀한 금속은 곧바로 대개는 (손으로 쥐었을 때 다치지 않도록) 같은 무게의 둥근 조각으로 쪼개져서 동전을 만드는 재료가 되었지. 다른 금속들(또는 합금)은 이보다 작은 가치를 나타내는 화폐로 사용되었어.

이미 고대부터 국가 지도자들은 위조된 동전으로부터 자기 백성들을 보호해야 할 필요성을 느꼈어. 고대 그리스에서는 공식적인 검사원들이 항구나 시장에서 특별한 절차에 따라 동전을 다루었지. 위조 화폐를 사용하는 사람에게는 (채찍형에서 사형까지) 무거운 형벌이 내려졌단다. 그러나 처벌보다는 예방이 낫기 때문에 얼마 안 가서 도시가 화폐를 발행했어. 다른 사람들은 동전을 발행하기 어렵도록 (또는 더 싼 합금을 사용한 위조 동전을 만들지 못하도록)

동전을 발행하는 관청에서는 동전에 가능한 한 아주 복잡한 무늬를 새겨 넣었지. 이 무늬는 나중에 도시나 전제 군주, 또는 국가의 상징이 되었단다.

마침내 (더 높은 가치를 나타내기 위해) 금속 동전을 대신하게 된 지폐는 (해당 구역의 금속 세공사 등이 발행한) 종이 증서로 시작되었어. 이 증서를 갖고 있다는 것은 금고에 특정한 수량의 금화 또는 은화를 보관하고 있다는 것을 뜻했지. 무언가를 사고자 할 때 위험하게시리 금고에서 금화를 꺼내 말 장수나 연장 장수에게 건네는 대신, 금화 주인은 종이 증서만을 건넸단다. 금고에 있는 금화에는 손도 안 대고 그대로 놓아둔 채, 종이 증서는 장사꾼을 금화의 주인으로 만들어주었지. 그런데 지폐의 선구자였던 이 종이 증서도 (위조범의 솜씨에 따라) 진짜냐 가짜냐 하는 문제가 생겼단다.

이처럼 이미 오래전부터 정부는 시민들이 화폐에 대해 믿을 수 있는 환경을 조성하기 위한 책임을 떠맡았어. (기본적으로 담배는 그 수량이 부족했기 때문에) 포로수용소에서는 자동적으로 담배의 가치가 유지되었지만, 화폐의 가치가 변하지 않도록 유지하는 것은 정부 관청의 손에 달려 있었지. 물론 관청에서도 이윤을 챙겼어. 화폐에 대한 권력을 통해 전제 군주는 백성들로부터 세금을 거둘 수 있었기 때문이야. 이렇게 해서 화폐는 정치적인 것이 되었고, 화폐는 거의 탄생한 바로 그날부터 부채 및 세금과는 뗄 수 없는 관계를 맺게 되었단다.

그런데 수용소의 담배 화폐와 초기 사회를 발전시킨 화폐 사이에는 결정적인 차이가 있어. 1장에서 이야기한 대로, 금속 화폐는 (수용소의 담배와는 달리) 거래를 쉽게 하기 위해 생겨난 것이 아니라 강자가 약자의 부채를 기록해두기 위해서 만들어진 거야. 강자 중의 강자들은 다른 사람들이 생산한 잉여생산물을 차지함으로써 점점 더 많은 권력을 키워왔지. 그래서 당연히 자기가 지배하는 사회의 화폐를 관리하고 보증함으로써 권력을 확대하고 공동으로 생산한 잉여생산물의 대부분을 차지할 수 있었단다.

래드퍼드의 수용소에서는 화폐가 정치적이지 않았어. 그런데 다른 사회에서는 화폐가 언제나 매우 정치적이었지. 이유가 뭘까? 래드퍼드의 수용소에서는 아무것도 생산하지 않았잖아. 노동도 하지 않았지. 마치 하늘에서 떨어진 만나*처럼 적십자가 보내준 이미 생산된 물건들을 가지고 하는 거래가 있을 뿐이었어. 생산과 결부될 때는 화폐가 자동적으로 정치적인 도구가 돼. 아무것도 생산하지 않는 순수한 교환 경제에서만 화폐는 비정치적이고 다른 물건들의 교환가치를 측정하는 기술적인 역할을 한단다.

· · · · · · · · ·
*이스라엘 민족이 광야에서 음식과 물이 없어 힘들어하고 있을 때, 여호와가 하늘에서 내려주었다고 하는 기적의 음식.

래드퍼드의 수용소 이외에 또 다른 교환 경제가 있을까? 너희 세대에서 예를 들 수 있겠다. 비디오 게임 커뮤니티에서는 특정 아이템들(희귀한 칼, 갑옷, 방패 등)이 수용소의 담배 역할을 하지? 그래서 게이머가 게임 안에서 폭넓은 교환 경제를 만들 수 있게 도움을 주잖아.

비정치적인 화폐의 시도, 비트코인

2008년으로 거슬러 올라가보자. 이때는 서구 사회에 큰 경제 위기가 일어나 화폐를 지배하던 사람들에게 전례 없이 지독한 조소가 쏟아졌어. 사람들은 은행가뿐만 아니라 국가의 화폐를 관리하던 정치인들도 비웃었지. 2008년 은행에서 시작된 이 위기는 계속해서 확대되어갔고, 나중에는 전 지구상으로 퍼졌단다. 많은 사람들은 래드퍼드가 있던 수용소의 담배를 연상하게 하는 화폐, 국가의 간섭을 받지 않는 비정치적인 화폐, 세계적인 강자들의 통제로부터 벗어난 화폐를 꿈꾸게 되었어. 시민이 시민을 위해 만든 화폐를 꿈꾸었지. 어떤 은행가도 자기 마음대로 영향력을 행사하거나 은행 이용자들에게 불리한 쪽으로 투자할 수 없는 화폐를 꿈꾼 거야. 국가의 손에 의해 조작되지 않는, 재정 시스템의 늑대들이 망가뜨리지 못하는 화폐를 꿈꾼 거지.

"그런데 이런 화폐를 종이로 만든다면 누가 발행할까? 금속으로 만든다면 누가 발행할까? 국가가 하지 않는다면 화폐의 양과 질은 누가 통제해야 할까?" 아직 답을 찾지 못한 이런 질문에 대해서는 디지털 혁명과 특히 인터넷을 통해 답을 얻을 수 있을 듯해. 새로운 화폐는 디지털 화폐일 거야. 이 화폐는 물리적인 형태가 없고 단지 컴퓨터와 휴대폰 안에서만 존재할 거야. 이 화폐는 금속 화폐나 담배, 심지어는 쟁여놓기 좋은 지폐와는 달리 교환가치만 있지 실제가치나 사용가치는 없을 테지.

국제적으로 사용되며 절대로 국가의 통제 아래에 놓이지 않는 새로운 디지털 화폐에 대한 꿈은 인터넷만큼이나 오래되었어. 그런데 디지털 화폐에는 다음과 같은 문제가 있어. 모든 디지털 대상물(사진, 노래)은 비트(또는 정보)의 합이야. 만약 디지털 화폐라는 것이 컴퓨터 안에 있고, 그래서 복사해서 붙이기로 계속해서 새로운 복제물을 만들어낸다면 누가 그것을 막을 수 있을까? 이것은 자신만의 화폐를 무한정 만들어내는 과정과 똑같지 않나? 래드퍼드의 수용소로 치면 각자 무한한 개수의 담배를 갖고 있는 거나 마찬가지잖아. 그렇게 되면 담배 인플레이션은 한없이 커질 것이고, 결과적으로 담배는 교환가치를 지닐 수 없게 될 거야.

이 풀기 어려운 문제에 대한 답이 2008년 11월 1일, 2008년

대위기의 충격이 있은 지 몇 주일 뒤에 이메일을 통해 세상에 알려졌어. 이메일은 사토시 나카모토라는 이름으로 발송됐는데, 이 사람이 실제로 누구인지는 아직 밝혀지지 않았어. 나카모토는 이 메일에서 새로운 디지털 화폐를 위한 토대이자 원리로서 봉사해야 할 소위 비트코인의 천재적인 알고리즘(앱과 같은 컴퓨터 프로그램)에 대해 묘사하고 있어. 이 새로운 화폐는 교환가치만 있지 실제가치는 전혀 없단다. 다른 사용자에게 불리한 방식으로는 누구도 복제하거나 위조하거나 빼앗을 수 없기 때문이야.

나카모토의 이메일이 등장하기 전까지 시도된 모든 해결책들은 인터넷 외부의 기관들과 관련이 있었어. 이 기관들은 디지털 거래의 감시자로서 기능하고 있었고 혹시나 생길 복제가 일으킬 수 있는 고도의 인플레이션을 막아야 했지. 어떤 기관들이었을까? 은행, (비자나 마스터 카드 같은) 신용카드 회사 그리고 국가 관청 등이었지. 이렇게 중앙에서 통제하는 디지털 화폐는 다시 극도로 정치적으로 머물게 될 것이고 래드퍼드의 담배 화폐와는 결코 비슷해질 수 없었어.

나카모토의 알고리즘이 훌륭한 것은 국가든 개인이든 감시 관청을 필요로 하지 않는다는 점이야. 모든 포로가 담배 화폐의 관리에 참여했던 수용소의 담배와 같이 비트코인 거래에 대한 감시는 비트코인 사용자의 자체 커뮤니티를 통해서 이루어진단다.

이것이 인터넷에서는 어떻게 이루어질까?

이에 대한 아이디어는, 한 사람 또는 한 인터넷 계좌에서 다른 사람 또는 다른 비트코인 사용자의 계좌로 비트코인을 이체할 때마다 계좌 이체를 한 흔적이 남게 만드는 거야.

원하는 사람은 누구나 다 자기 컴퓨터의 기능 일부를 커뮤니티를 지원하는 데 사용할 수 있어. 커뮤니티는 (아무도 자기가 소유하고 있는 비트코인을 복제하지 못하도록) 각 비트코인에 일어나는 일에 대한 전체 이미지를 만들어. 이렇게 해서 새로운 비정치적인 화폐 제도에 대한 집단적인 감시가 가능해지는 것이지.

그러나 종종 그렇듯이 비트코인은 자기 성공의 희생자가 되었어. 나카모토의 알고리즘을 조작할 수는 없었지만, 사악한 영혼은 (다른 사람의 재산을 자기 것으로 만들고자 원하면) 늘 방법을 찾기 마련이거든. 비트코인의 교환가치가 오르자, 비트코인을 많이 갖고 있던 수많은 사람들은 해커가 자기 컴퓨터에 침입해서 디지털 방식으로 자기 돈을 빼앗아 갈까 봐 겁이 났어. 그래서 몇몇 인터넷 기업이 약간의 수수료를 받고 (소위 안전 서버에서) 비트코인을 위한 전자적 보안 서비스를 제공하기 시작했단다. 하지만 수백만 비트코인을 가졌던 사람들 가운데 몇몇이 사라져버리자 이 서비스는 중단되고 말았어.

이 이야기는 매우 큰 의미가 있단다. 오직 국가만이 화폐를 관리할 수 있다는 사실을 이 이야기가 증명했기 때문이야. 오직 국가만이 첫째, 도둑맞은 돈을 다시 찾아주고 둘째, 도둑을 추적해서 벌을 준다는 것을 보장할 수 있어. 별로 우리 마음에 안 들 수도 있지만, 우리가 문명인으로서 안전하게 살아갈 수 있다는 유일한 희망을 제공하는 것은 결국 국가뿐이란다. 우리에게 남은 일은 국가를 집단적으로 통제하는 힘과, 국가가 일부만의 이익을 대변하는 대리인이 되도록 놓아두지 않을 힘을 갖는 것뿐이야.

비정치적 화폐의 위험한 환상

(20세기 초의 에디슨과 포드, 오늘날의 애플과 구글 같은) 거대한 기업 결합의 형성을 가능하게 한 산업혁명 이후, 시장사회의 운명은 현저하고 급격한 부채 증가의 가능성에 달려 있게 되었어. 2장에서 설명한 것처럼, 시장사회가 선물한 부의 폭발은 부채가 없었다면 가능하지 않았을 거야. 이 부채는 기업가에게 대출을 해주는 형태로 은행가가 긴 팔을 이용해 아직 생산되지도 않은 가치를 미래에서 현재로 가져온 거지. 거대 기업(에디슨, 포드, 애플, 구글 등)을 세우려면 막대한 양의 부채를 미래에 갚을 수 있도록 현재에 생산해내야 했어.

이런 일은 래드퍼드가 있던 수용소의 화폐 제도에서는 불가능했을 거야. 그곳에서는 '은행가'가 이미 저축해두어서 손안에 있던 담배만 빌려주었지. 그러나 중공업이나 거대한 생산 및 에너지 분배망인 철도 등을 일으켜 세우기 위해서는 이미 가지고 있던 시장사회의 '담배', 이미 가지고 있던 금화, 이미 유통되고 있던 지폐가 지니고 있는 교환가치로는 충분치 않았어. 그래서 은행가는 앞에서 이야기했던 능력, 자기도 가지고 있지 않고 다른 사람도 가지고 있지 않은 돈을 빌려주는 능력을 개발해냈단다. 이 돈은 돈을 빌리는 기업가의 계좌에 기록해 넣음으로써 아주 손쉽게 무에서 만들어낸 돈이야. 나는 이것을 비유적으로 미래에서 빌려온 가치라고 표현했지.

1920년대에는 국가가 (화폐의 교환가치를 안정적으로 유지하기 위해, 즉 인플레이션을 피하기 위해) 화폐량과 정부가 보유하고 있는 금의 양이 똑같게 유지하려고 노력했지만, 은행가는 거대 산업을 지원하기 위해 충분한 가상의 화폐를 만들어내는 방법을 발견했어. 포드와 에디슨에게 주기 위해 누군가에게서 돈을 빌리는 대신, 은행가는 그저 지금까지 존재하지도 않았던 돈을 이들의 계좌에 적어 넣었고, 다시 이 부채를 이들의 하청업자와 노동자의 계좌로 이체했지. 하청업자와 노동자는 이 부채를 사업상의 계좌에 적어 넣은 다음, 이 돈으로 상품과 서비스를 샀어. 생산은 늘고, 수입도 그만큼 늘어났지. 돈을 빌린 사람들은 이런 방식으로 은행가가 무에서 만들어낸 돈을 얻었고 은행가는 이자를 받았단다.

이렇게 현재는 아직 만들어지지도 않은 가치를 미래에서 가져왔고, 일해서 번 돈으로 이자와 함께 빌려준 돈을 갚을 수 있을 것이라는 희망으로 미래를 '일하게' 했어. 여기에는 이미 보았듯이 이 방식 자체가 자기 성공의 희생물이 된다는 문제가 있지. 은행가는 이 방식을 과도하게 사용해서 현재가 생산할 수 있는 가치보다 훨씬 더 많은 가치를 미래에서 끌어오려고 하기 때문이야. 이것 때문에 위기와 불행, 실업이 뒤따랐지. 그래서 국가는 은행가의 질주를 막으려 하지만 정치가들로서는 이런 일을 하기가 쉽지 않아. 정치가들은 선거에서 흔히 은행가의 후원을 받았기 때문에 은행가와 매우 밀접한 관계를 맺고 있거든.

1920년대로 돌아가보면 다음과 같은 결론에 도달해. 세상을 바꾼 산업의 기적은 이런 방식이 아니었다면 가능하지 않았을 거야. 은행가가 무에서 돈을 만들어내지 못하도록 국가가 막았다면, 시장경제는 침체되었을 거야. 그러나 은행가를 통제하지 않고 마음대로 행동하도록 놓아둠으로써, 은행가는 돈을 새로 많이 만들었고, 그 결과 새로운 공장과 높은 건물과 함께 커다란 거품이 생겨났어. 1929년 세계 경제 위기가 닥쳐 이 거품이 터졌을 때, 인류는 빈곤의 늪으로 빠져들었지. 2008년에도 비슷한 사건들이 연속으로 일어나 인류를 새로이 불행에 빠뜨렸단다.

다시 한번 비트코인과 비정치적인 화폐의 꿈으로 눈을 돌려 보자. 오늘날 시장사회가 비트코인 제도를 받아들이고, 비트코인 구조는 (마치 수용소의 담배 수량처럼, 또는 전 지구상의 황금 수량처럼) 어떤 상황에서도 화폐량은 안정을 유지해야 한다는 아이디어를 디지털적으로 시뮬레이션한 것이라면, 이 아이디어는 당장 1920년대에 나타난 문제들에 부딪힐 거야.

문제 가운데 하나는, 은행 시스템은 (1920년대에 계좌에 적어넣었듯이, 또는 1990년대와 2000년대에 은행가가 써먹었던 복잡한 트릭을 이용하여) 실제로 존재하는 비트코인보다 더 많은 비트코인을 만들어낼 방법을 찾을 것이라는 점이야. 또 다른 문제는 기업들이 충분한 재정적 후원을 받지 못할 것이며, 그렇게 해서 5장(유령처럼 떠도는 기계들)에서처럼 시장사회는 정체에 빠질 것이라는 점이지. 두 문제 가운데 어느 하나 심각하지 않은 것이 없어.

그래서 화폐는 정치적이 될 수밖에 없으며 화폐의 규모는 국가 시스템이 감시해야만 해. 그렇게 해야 부채의 거품과 지속될 수 없는 성장 그리고 디플레이션과 위기를 피할 수 있다는 가냘픈 (보장 없는) 희망이라도 가질 수 있기 때문이야. 국가 소유의 화폐를 관리하고 화폐의 양을 결정할 때는 필연적으로 정치적인 개입이 발생해. 그리고 이러한 개입은 (다양한 집단과 사회적 계층에

각각 다른 영향을 미치기 때문에) 저절로 정치적이 되지. 이때부터 화폐가 적절히 관리되었으면 하는 우리의 희망은 화폐를 관리하는 사람들이 사회 전체의 이익을 위해 민주적인 통제를 받느냐 그러지 않으냐에 달려 있단다.

기억하고 있겠지만, 지구의 파괴를 피할 수 있는 가능성을 다루었던 앞장에서도 우리는 비슷한 결론에 도달했지? 그것은 우연이 아니야. 오늘날 민주주의는 완전하게 기능을 하지는 못하지만, 그래도 여전히 환경 보호와 인간의 노동 그리고 방금 보았듯이 화폐의 관리에서 인류에게 남겨진 유일한 희망이란다.

유령처럼 떠도는 기계 그리고 오이디푸스적인 시장

초기의 동전은 래드퍼드가 있던 수용소의 담배처럼, 금처럼, 우리 사회처럼 발전했어. 처음에 동전은 주로 실제가치가 있었는데, 점점 교환가치가 더 커졌단다. 담배는 중독성이 있고 흡연자들에게 이상야릇하고 건강에 좋지 못한 즐거움을 선사했지. 그럼에도 불구하고 매우 빨리 담배는 그것이 선사하는 건강하지 못한 즐거움과 뗄 수 없는 교환가치를 지닌 화폐 단위가 되었어. 우리가 오늘날 사용하는 화폐는 실제가치가 거의 없어. 화폐는 다른 사용 가능성 없이 점점 더 디지털화하고 가상적인 것이 되었거든.

우리 사회가 래드퍼드의 포로수용소와 비슷하다면 화폐의 속성과 작용 방식은 수용소의 담배와 비슷할 거야. 그러나 시장사회는 수용소의 교환사회와는 매우 달라. 시장사회에는 수용소에는 없는 것이 있어. 바로 생산과 그에 따른 노동시장이야. 달리 말하면 수용소에는 6장에서 살펴본 오이디푸스적인 시장도 없고 5장에서 살펴본 유령처럼 떠도는 기계도 없는 거야. 생산이 없고 노동시장이 없다는 것은 담배 화폐와 유럽의 유로, 미국의 달러, 일본의 엔 사이에 근본적인 차이를 만들어내. 이런 차이가 생기는 이유는 두 가지로 설명할 수 있지.

첫째, 인간 노동의 독특한 성질 때문에 시장사회의 화폐는 래드퍼드의 수용소와 달리 절대로 비정치적일 수 없어. 둘째, (폭격이나 전쟁 관련 소식 같은 외부의 사건을 통해 위기가 나타나는 전쟁 포로수용소와는 반대로) 시장사회는 내부에서 위기가 일어나는 경향이 있기 때문에, 꼭 위기를 막기 위해서가 아니라 하더라도 적어도 위기가 지난 뒤에 사회를 안정시키기 위해 우리는 화폐를 집단적으로 관리해야만 한단다.

기계를 사용할 때나 사회적인 잉여생산물을 분배할 때, 특히 환경 보호를 위해서는 더 많이 민주적이고 집단적으로 통제를 해야 해. 여기에서는 어떠한 기술적이고 비정치적인 해결책도 허락되지 않아. 화폐도 이와 마찬가지야. 우리가 공공의 복지를 위해 집단적이고 정치적으로 화폐를 관리하지 않는다면, 힘 있는 자들은 화폐를 마구 낭비할 것이고 위기를 확대하고 사회를 붕괴시키는 방식으로 화폐를 악용할 거야.

마지막 장에 덧붙여서

마지막 장을 다 쓰고 나서, 그리스 내전(1946년~1949년)*이 끝날 때를 전후해 이카리아와 마크로니소스의 포로수용소에 있었던 우리 아버지, 그러니까 네 할아버지에게, 그곳에서도 래드포드의 수용소처럼 담배가 일종의 돈처럼 사용되었는지 물어보았어. 할아버지의 답은 이랬지. "아니, 우리는 소포에 든 물건을 모두 나누어 가졌어. 한번은 이모에게 담배 좀 보내달라고 부탁했지. 나는 담배를 피우지 않았는데도 말이야. 담배가 도착하자, 나는 담배 피우는 사람들에게 모두 나누어주었어. 아무것도 바라지 않았지. 우리는 그런 식으로 지냈어. 우리는 서로서로 도우며 살

* 영국과 미국의 지원을 받은 그리스 정부군과 불가리아, 유고슬라비아, 알바니아의 지원을 받은 그리스 민주군이 싸운 전쟁. 그리스 정부군의 승리로 끝났다.

왔단다."

　중요한 것은 이제 다 이야기한 것 같구나. 한 가지 꼭 기억해야 할 것은, 시장경제는 사회 구조를 지탱하는 교환 형태의 하나이지만 늘 가장 좋은 형태이거나 가장 매력적인 형태는 아니라는 사실이야. 한 가지는 확실해. 시장사회에서는 시장경제가 너무나 큰 힘을 갖게 되고 동시에 너무나 많은 부와 말할 수 없이 큰 불행, 엄청난 불평등 그리고 재난에 가까운 위기를 만들어낸다는 거야.

후기를
대신하여

파란 약과 빨간 약

내가 5장에서 자세히 이야기한, 영화 〈매트릭스〉의 첫 부분이야.
아무것도 모르는 주인공 네오는 당국에서 뒤쫓고 있는 혁명 지
도자 모피어스를 만나지. 모피어스는 다음과 같은 이야기를 하면
서 네오에게 어려운 결정을 내리라고 요구해.

모피어스_ 지금 너는 분명히 토끼 굴속으로 떨어지는 이상한 나라의
  앨리스 같은 느낌일 거야.
네오_ 예, 비슷해요.
모피어스_ 너의 눈을 보면 알 수 있지. 너는 보이는 대로 받아들이는 사
  람 같아. 다시 깨어나리라고 예상하기 때문이지. 우습게도 그게 진

실과 가까워. 운명을 믿나, 네오?"

네오_ 아니요.

모피어스_ 왜 안 믿지?

네오_ 내 인생을 무언가 통제한다는 게 마음에 안 들어요.

모피어스_ 무슨 말인지 잘 알아. 네가 왜 여기에 있는지 말해주지. 네가 설명할 수 없는 것을 네가 알고 있기 때문이야. 하지만 그것을 느낄 수는 있지. 너는 살면서 지금까지 줄곧 느껴왔어. 이 세상이 무엇인가 잘 맞지 않는다는 것을. 그게 무엇인지 너는 모르겠지만, 그래도 그것은 있어. 너를 미치게 만드는 머릿속에 든 파편처럼. 그 느낌이 너를 내게로 데려온 거야. 내가 무슨 이야기를 하는지 알겠지?

네오_ 매트릭스 이야기인가요?

모피어스_ 매트릭스가 정확히 무엇인지 알고 싶나?

네오는 고개를 끄덕인다.

모피어스_ 매트릭스는 어디에나 있어. 그건 우리를 에워싸고 있고, 여기, 이 방에도 있어. 그것은 너를 속이는 허상의 세계야. 네가 진실을 보지 못하게 하는 거지.

네오_ 무슨 진실이요?

모피어스_ 네가 노예라는 것. 네오, 너도 다른 사람들처럼 노예로 태어

나서 감옥 속에서 살고 있어. 그 감옥은 네가 만질 수도 없고 냄새 맡을 수도 없지. 너의 이성을 가두는 감옥이야. 한심하게도 누군가에게 매트릭스가 무엇인지 설명하기는 힘들어. 각자 직접 경험해봐야만 한다고. 이것이 너의 마지막 기회야.

모피어스는 네오에게 자기 왼손에 있는 파란 약을 보여준다.

모피어스 - 파란 약을 삼키면 모든 게 끝나. 너는 네 침대 위에서 깨어나. 그리고 나서는 네가 믿고 싶은 것을 믿으면 돼.

모피어스는 오른손을 편다. 빨간 약이 보인다. 모피어스는 빨간 약을 내려다보더니 이야기를 계속한다.

모피어스_ 빨간 약을 삼키면 너는 계속 이상한 나라에 있게 돼. 그럼 나는 너를 데리고 토끼 굴속으로 아주 깊숙이 들어갈 거야.

네오는 오른손 쪽으로 몸을 굽혀서 빨간 약을 집는다. 네오가 빨간 약을 삼키기 전에 모피어스가 네오에게 경고한다.

모피어스_ 잘 생각해. 내가 너에게 보여주는 것은 모두 진실이야. 그 이상도 그 이하도 아니야.

네오는 잠시 망설이다가 빨간 약을 삼킨다.

네오는 사람을 현혹하는 매트릭스의 거짓을 거부하지. 네오에게 쓰디쓴 진실을 숨기는 허상을 거부하는 거야. 그러고는 어렵고 위험한, 그러나 참된 인생을 선택한단다.

경제학자와 그들의 파란 약

어떤 의미에서 이 책은 내 방식으로 만든 빨간 약이야. 1장에서 내가 너에게 질문을 던졌잖아. "그렇다면 지배자들은 어떻게 방해받지 않고 계속해서 자기 자신에게 이로운 방식으로 더 많은 잉여생산물을 가져갈 수 있었을까? 어떻게 자기들의 권력을 유지할 수 있었을까?" 해답은 이거야. "지배자가 지배하는 것은 정당하다는 것을 다수에게 납득시키는 정당화 이데올로기를 만들어냄으로써 그렇게 했다. 그렇게 될 수밖에 없다는 생각을 다수에게 심어주었다."

지배자의 이데올로기를 정교하게 다듬는 성직자에 대해 이야기했잖아. 지배자들은 이 이데올로기의 도움으로 스스로를 정당화하며, 자신의 권력을 탄탄히 하고 착취당하는 희생자들에게 착취란 없고 고통을 통해 천국에 이르며 지배자가 가진 것에 욕심을 내는 것은 죄악이라고 설교하지.

18세기 말 시장사회가 등장하기 이전에는 지배 이데올로기가 늘 종교적인 모습을 띠고 있었어. 불평등, 절대주의, 통치자의 폭력은 신이 바라는 자연스러운 모습이라고 정당화했지. 그런데 시장사회가 세계무대 위로 가져온 교환가치가 승리를 거둔 뒤에는 이 지배 이데올로기가 마치 과학처럼 보이는 경제 이론의 모습을 띠게 되었단다.

상당히 오래전부터, 경제 문제는 너무나 복잡해서 일반 사람들은 그에 대해 의견을 가질 수 없다고(그리고 경제 문제는 차라리 은행가, 경제 관료 같은 '전문가'에게 맡겨야 한다고) 말하는 경제학 도서와 대부분의 경제 이론, 신문의 경제면, 경제 평론가 등은 정확히 모피어스가 네오에게 묘사했던 매트릭스를 생각나게 하지? 하나의 허상, 씁쓸한 진실을 보지 못하게 영원히 우리를 가리는, 이성의 감옥을 생각나게 한단다.

그런데 이 진실이란 도대체 어떤 진실일까?

• 우리 인간이, 우리에게 봉사하도록 우리가 만든 기계의 노예가 될

지경에 이르렀다는 진실

- 시장이 우리 인간에게 봉사하는 것이 아니라 우리 인간이 시장에 봉사하게 되었을 뿐만 아니라, 완전히 비개성적이고 비인간적인 시장의 노예가 되어버렸다는 진실
- 다수는 메피스토 없는 파우스트를 연상하게 하고 소수는 자기 삶을 위협하는 괴물을 만든 프랑켄슈타인을 연상하게 하는 사회 구조를 만들었다는 진실
- 마케팅과 광고의 매트릭스가 우리 머릿속에 성공적으로 심어놓았다는 단 한 가지 이유 때문에, 정말로 원하지도 않고 필요하지도 않은 물건들을 갖고 싶어서 우리가 날이면 날마다 집착한다는 진실
- 자기가 살고 있는 생명체인 행성을 파괴하는 멍청한 바이러스처럼 우리가 행동하고 있다는 진실
- 우리 사회는 단순히 불공정할 뿐만 아니라 놀랄 만큼 비효율적이기도 해서 참된 부를 생산할 우리의 가능성을 날려버리고 그럼으로써 가능성마저 불공정하게 만들었다는 진실
- 이러한 진실을 알고 진실에 대해 말하는 사람은, 논리와 비판적 사고라는 거울에 제 모습을 비추어보지 못하는 사회로부터 무자비하게 처벌을 받는다는 마지막 진실

사랑하는 크세니아, 너 또한 네오와 똑같이 파란 약과 빨간 약

사이의 힘든 선택 앞에 서 있단다.

파란 약을 집으면 너는 경제학 도서, '권위 있는' 경제 분석가, 유럽 위원회, 성공적인 광고쟁이들이 사회에 대해 이야기하는 것을 믿는, 너를 속이는 허상의 세계에서 살게 되지. 파란 약을 집으면 지배 이데올로기의 가학적인 절대주의와 싸우지 않아도 된단다. 그래서 너의 인생은 권력을 행사하는 사람들이 기대하는 대로 고통 없이 단순하게 흘러갈 거야.

이 책이 제공하는 생각과 시각, 그러니까 빨간 약을 집으면 어렵고 위험한 인생이 너를 기다리고 있을 거야. 모피어스가 네오에게 말했듯이, 내가 너에게 이야기하는 것은 모두 진실일 뿐, 그 이상도 그 이하도 아니란다.

방정식을 추구하는 신학

네 아빠가 틀렸다고 말하는 사람들이 많을 거야. "경제학이나 경제 이론은 과학이다. 물리학이 체계적으로 그리고 수학적인 수단을 써서 자연을 분석하는 과학이듯이, 경제학 또한 수학, 통계학 그리고 논리학을 종합해서 사회 경제적인 현상을 과학적으로 분석한다." 이것은 말도 안 되는 헛소리야!

경제학에서도 수학적인 사례와 통계학적인 방식을 이용할 수는 있지만, 그렇게 하는 것은 천문학보다는 점성술에 가까운 짓이야. 물리학에서 자연이란 물리학자의 가설을 판결하는 엄격한 재판관과 같아. 하지만 경제학은 그렇게 기능할 수가 없어. 왜냐하면 중요한 가설들을 검증할 수 있는 실험실을 차리기가 불가능하거든. 예를 들어 그리스가 구제 금융*을 받는 대신 부채를 못 갚겠다고 선언했다면, 2010년 그리스 경제는 어떻게 진행되었는지에 대해서 검증할 수는 없잖아.

이처럼 경제 이론은 사후에 경험적으로 검증할 가능성이 전혀 없기 때문에 경제학이나 경제학적인 사고는 실증적인 과학들과 절대 비교할 수 없어. 그러므로 우리는 선택해야 한단다. 첫 번째 선택은 우리 경제학자들이 자연과학자인 것처럼 행동하는 거야. 그게 아니면 두 번째 선택을 해야 하는데 그것은 우리 경제학자가 오히려, 삶의 의미가 무엇인지 아무리 합리적이고 현명한 논리를 들이대도 서로를 납득시키지 못하는 철학자에 가깝다는 사실을 인정하는 거야.

유감스럽게도 내 동료 경제학자 중 압도적 다수는 자기들이

* 그리스는 2010년에 IMF로부터 구제 금융을 받았지만, 경기 침체로 인해 재정 적자는 계속 확대되고 정부 부채는 감당할 수 없을 정도로 증가했다.

자연과학자인 것처럼 행동한단다. 그럼으로써 결국 그들은 점성술사나 신의 존재에 대해 수학적인 증거를 제시하는 신학자, 생존을 위해 끊임없이 싸우고 자기에게 다가올 죽음에 대한 공포 속에서 살아야만 하는 인간의 무지와 편견을 이용하는 성직자처럼 행동하는 거야.

파란 약의 절정

1930년대에 영국의 사회 인류학자 에드워드 에번스프리처드 (1902년~1973년)는 오랜 기간 아프리카의 아잔데족*에 대해서 분석을 했어. 그는 아잔데족과 함께 살면서 아잔데족이 예언 능력을 매우 중시하는 것을 관찰할 수 있었지. 그들은 마법사를 몹시 존중하면서, 마치 델포이의 신탁을 기다리는 고대 그리스인처럼, 마법사의 예언을 기대했단다.

그런데 성직자이자 신탁을 내리는 신의 대리인이었던 마법사의 예언은 아주 자주 완전히 엉터리였어. 그래서 에번스프리처드에게는 의문이 생겼지. 이 마법사들은 어떻게 '신앙심 깊은' 부

* * * * * * * * *
*남수단에서 중앙아프리카, 콩고에 이르는 지역에 거주하는 원주민.

족 구성원에 대한 권력을 그대로 유지할 수 있을까? 마법이나 예언, 주문 그리고 성직자는 틀릴 리가 없다는 흔들리지 않는 믿음에 대해 에번스프리처드는 이렇게 설명했어. "우리와 마찬가지로 아잔데족 또한 신탁의 예언이 틀렸을 때는 설명이 필요하다고 생각한다. 그러나 그들은 너무나 강력하게 신비론적인 관념에 사로잡혀 있어서, 그 신비론적인 관념에 호소함으로써 예언이 실패한 이유를 설명한다. 눈앞에서 일어난 사건과 신비론적인 의미 사이에 모순이 생기는 까닭은 사건과 관련이 있는 다른 신비론적인 관념을 참조함으로써 설명이 된다."

소위 경제학에서도 똑같은 방식이 통한단다. 경제학자들은 중요한 경제학적인 현상, 예를 들어 2008년에 시작되어 지금까지도 영향을 미치고 있는 위기를 예언하는 데 실패했어. (대개 그렇지만) 경제학자들은 자기들이 실패한 이유를 설명하기 위해 이미 위기를 예언했을 때 실패했던 개념과 똑같은 신비론적인 개념을 증거로 들이댄단다.

예를 하나 들어보자. 1980년대에 (거대 은행에서 국제 통화 기금을 위해 일하는) 체제 순응적인 경제학자들의 예언과는 달리 실업이 증가하자, 실업의 부인자들(이에 대해서는 이미 설명했지?)은 '자연 실업'이라는 신비론적인 개념을 만들어냈어. 이들은 실업이 실제로 눈앞에서 벌어지고 있는데도 이 세례명을 통해 실업이 발생하는 이유를 설명했다고 믿었단다.

시장이 실업을 흡수하는 데 실패하자, 이들은 다음과 같이 스스로를 정당화했어. 실업이 발생하는 것은 우리 사회가 경쟁이 부족한 죄 밑에서 신음하고 있다는 증거라는 거야. 이를 타파하기 위해서는 사유화를 통한 시장의 해방이라는 마법적인 필터가 필요하단다. 그런데 이런 해방의 마법이 아무런 기적도 일으키지 않는다면 (실업이 줄어드는 대신 마지막까지 증가한다면) 이들은 다시 다음과 같은 결론을 내놓지. 비법은 더 많은 사유화와 임금, 수당, 연금 등의 삭감이야. 이러한 주문이 그래도 듣지 않으면 이들은 다음과 같이 스스로를 위로해. 이에 대한 책임은 삭감과 사유화 정책에 있는 것이 아니라 마법의 필터가 제대로 작동하지 못하도록 만드는 노동조합과 최저 임금제 그리고 국가적인 실업 지원과 사회 보장이라는 또 다른 '마법'에 있어. 아잔데족의 점쟁이와 똑같지.

시장사회의 기능과 비밀에 대한 진실을 그렇게 효과적으로 감출 수 있는 과학적인 이론가로 스스로를 포장하는 경제학자들의 능력을 고려하면 모피어스가 네오에게 주었던 파란 약은 어떤 시각에서는 쉽게 색깔을 잃을 수도 있을 거야. 그리고 그 사이에 교환가치가 지구를 완전히 (토지와 인간의 노동력에서부터 유전학적인 미생물까지) 정복한 것과 같은 정도로, 경제학자들은 우리를 규정하는 사회의 진실을 보는 것을 금지하는 매트릭스를 짤 거야.

네가 만일 진실에 관심이 있다면 빨간 약만이 너의 유일한 희망이지.

우리의 빨간 약

안타깝게도 네오처럼 물 한 잔과 함께 간단히 삼킬 수 있는 빨간 약 같은 것은 없단다. 오직 비판적인 사고, 사람들이 너에게 말했다고 해서, 또는 강자가, 다수가, '다른' 사람들이 믿는다고 해서 어떤 것을 무조건 받아들이지는 않는 고집만이 있을 뿐이야. 나는 이 책을 통해 네 주위를 둘러싸고 있는 기본적이고 가끔은 슬픈 현실을 인식하기를, 진실을 향한 고집과 비판적 사고를 접할 수 있기를 바랐어.

분명히 너는 파란 약을 집지 않은 것을 자주 후회하게 될 거야. 하지만 네가 빨간 약을 선택했기 때문에 강자의 거짓을 꿰뚫어보고 강자의 추악함과 어리석음을 완전히 이해하는 순간들도 생기겠지. 그것이 너한테는 큰 보상이 되어줄 거야.